该书由江苏省社会科学基金项目（编号：22FXB008）提供资金支持。

新就业形态下劳动者劳动权益保护有效途径探究

XINJIUYEXINGTAIXIA LAODONGZHE LAODONGQUANYI
BAOHU YOUXIAOTUJING TANJIU

孙蕾扬 ◎ 著

中国政法大学出版社

2025·北京

声　明	1. 版权所有，侵权必究。
	2. 如有缺页、倒装问题，由出版社负责退换。

图书在版编目（CIP）数据

新就业形态下劳动者劳动权益保护有效途径探究 / 孙蕾扬著． -- 北京 : 中国政法大学出版社, 2025．5． -- ISBN 978-7-5764-2098-2

Ⅰ．D922.504

中国国家版本馆CIP数据核字第2025WD4360号

出　版　者	中国政法大学出版社
地　　　址	北京市海淀区西土城路25号
邮寄地址	北京 100088 信箱 8034 分箱　邮编 100088
网　　　址	http://www.cuplpress.com（网络实名：中国政法大学出版社）
电　　　话	010-58908586(编辑部) 58908334(邮购部)
编辑邮箱	zhengfadch@126.com
承　　　印	保定市中画美凯印刷有限公司
开　　　本	880mm×1230mm　1/32
印　　　张	6.5
字　　　数	200千字
版　　　次	2025年5月第1版
印　　　次	2025年5月第1次印刷
定　　　价	49.00元

前 言

根据国家统计局相关数据统计,截至2023年年底,中国灵活就业者已达2亿人,占我国总人口的比例高达14.3%。其中,灵活就业者中包含大量新就业形态下劳动者。新就业形态是伴随着互联网信息技术、大数据技术等发展起来的新兴职业。

新就业形态由于就业门槛较低,灵活性较强,吸引了大量劳动者加入。由于新就业形态属于灵活就业范畴,劳动者通常不与劳动平台和用人单位之间签订标准劳动合同。根据我国现行法律法规要求,劳动者的权益保障大多建立在标准劳动关系之上。因此,新就业形态下劳动者的权益保障呈现出不尽理想的状态。

本书着眼于对新就业形态下劳动者的权益保护,探索新就业形态下劳动者的权益保护路径。本书第一章,通过对新形势下我国就业总体状况概述、新形势下我国就业状况特点及趋势、新就业形态对劳动关系的影响三个方面,对新就业形态下我国就业形势进行概述。本书第二章,从劳动者的主体地位概述、劳动者劳动权益的基本内容、劳动者劳动权益的法律保护三个方面对劳动者的劳动权益保护进行概述。本书第三章,从劳动者平等就业权的基本理论及法律规定、新就业形态下劳动者平等就业权保障研究、新就业形态下劳动者平等就业权保护途径探析三个方面对劳动者平等就业权及其保护途径进行探索。本书第四章，分别从劳动者自由择业权的基本理论及法律规定、新就业形态下劳动者自由择业权保障研究、新就业形态下劳动者自由择业权保护途径探析三个方面对劳动者自由择业权及其保护途径进行探索。本书第五章，分别从劳动者报酬权的基本理论及法律规定、新就业形态下劳动者报酬权保障研究、新就业形态下劳动者报酬权保护途径探析三个方面对劳动者报酬权及其保护途径进行探索。本书第六章，分别从劳动者职业安全权的基本理论及法律规定、新就业形态下劳动者职业安全权保障研究、新就业形态下劳动者职业安全权保护途径探析三个方面对劳动者职业安全权及其保护途径进行探索。本书第七章，分别从劳动者休息权的基本理论及法律规定、新就业形态下劳动者休息权的保障研究、新就业形态下劳动者休息权保护途径探析三个方面对劳动者社会休息权及其保护途径进行探索。本书第八章，分别从劳动者社会保险权的基本理论及法律规定、新就业形态下劳动者社会保险权的保障研究、新就业形态下劳动者社会保险权保护途径探析三个方面对劳动者社会保险权及其保护途径进行探索。

目 录

前　言 …………………………………………………………… 001

第一章　新就业形态下我国就业形势概述 ………………… 001
　第一节　新形势下我国就业总体状况概述 ………………… 001
　第二节　新形势下我国就业状况特点及趋势 ……………… 010
　第三节　新就业形态对劳动关系的影响 …………………… 022

第二章　劳动者劳动权益保护概述 ………………………… 031
　第一节　劳动者的主体地位概述 …………………………… 031
　第二节　劳动者劳动权益的基本内容 ……………………… 034
　第三节　劳动者劳动权益的法律保护 ……………………… 045

第三章　劳动者平等就业权及其保护途径探索 …………… 064
　第一节　劳动者平等就业权的基本理论及法律规定 ……… 064
　第二节　新就业形态下劳动者平等就业权保障研究 ……… 072
　第三节　新就业形态下劳动者平等就业权保护途径探析 … 082

第四章 劳动者自由择业权及其保护途径探索 ········ 086
  第一节 劳动者自由择业权的基本理论及法律规定 ········ 086
  第二节 新就业形态下劳动者自由择业权保障研究 ········ 092
  第三节 新就业形态下劳动者自由择业权保护途径探析 ··· 099

第五章 劳动者劳动报酬权及其保护途径探索 ········ 103
  第一节 劳动者劳动报酬权的基本理论及法律规定 ········ 103
  第二节 新就业形态下劳动者劳动报酬权保障研究 ········ 110
  第三节 新就业形态下劳动者劳动报酬权保护途径探析 ··· 120

第六章 劳动者职业安全权及其保护途径探索 ········ 125
  第一节 劳动者职业安全权的基本理论及法律规定 ········ 125
  第二节 新就业形态下劳动者职业安全权保障研究 ········ 132
  第三节 新就业形态下劳动者职业安全权保护途径探析 ··· 141

第七章 劳动者休息权及其保护途径探索 ········ 151
  第一节 劳动者休息权的基本理论及法律规定 ········ 151
  第二节 新就业形态下劳动者休息权的保障研究 ········ 158
  第三节 新就业形态下劳动者休息权保护途径探析 ········ 167

第八章 劳动者社会保险权及其保护途径探索 ········ 177
  第一节 劳动者社会保险权的基本理论及法律规定 ········ 177
  第二节 新就业形态下劳动者社会保险权的保障研究 ········ 182
  第三节 新就业形态下劳动者社会保险权保护途径探析 ··· 191

参考文献 ········ 201

第一章
新就业形态下我国就业形势概述

第一节　新形势下我国就业总体状况概述

2015年党的十八届五中全会公报和2016年政府工作报告中提到"加强对灵活就业、新就业形态的支持",首次提出"新就业形态"的概念。该概念提出后,立即受到了社会各界的广泛关注。自2015年以来,随着经济全球化的持续深入推进,信息技术的快速发展,以及我国供给侧结构性改革的深化,中国劳动就业进入了一个新的历史时期。新的经济形势下,我国就业形势发生了较大变化。本节主要对新形势下我国就业总体状况进行概述。

一、新形势下我国就业背景概述

在全球化趋势日益深化的今天,一个国家的劳动就业状况不仅受到本国经济、政治的影响,还与世界经济发展和科技进步息息相关。

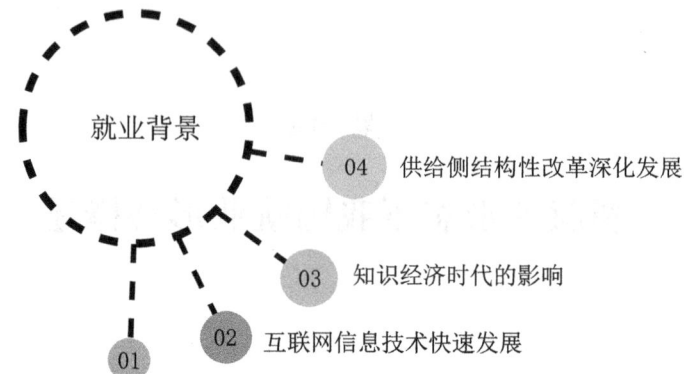

图1-1　新形势下我国就业背景

（一）经济全球化持续深入推进

"经济全球化"的概念最早由经济学家 S. 奥斯特雷（Sylvia Ostry）于1990年提出并使用。他认为，经济全球化主要是指生产要素在全球范围内的广泛流动，实现资源最佳配置的过程。[1] 之后，"经济全球化"这一概念迅速在世界各个国家流传开来，并受到各国学者的广泛认同。

经济全球化的内涵十分广泛，包括商品全球化、技术全球化、贸易全球化、生产全球化、金融全球化、信息全球化等。自20世纪90年代以来，经济全球化的进程加快，并彰显出强大的生命力，它从一个国家影响到多个国家，形成了一场以科学技术和信息技术为先导，将全世界各个国家连接成一个整体的不可阻挡的经济趋势。进入21世纪以来，经济全球化持续发展，对世界各国的经济、政治、军事、社会、文化等产生了巨大冲击。

对国家而言，经济全球化为国家发展提供了前所未有的机

---

[1] 秦立崴主编：《国际商法》，北京理工大学出版社2016年版，第15页。

遇和挑战，使每个国家都获得了在全球舞台上展示自我，在国际政治舞台上发挥应有作用的机会，同时也对各个国家的经济、政治等提出了新的要求。对个人而言，经济全球化使人们面临着就业、生活等多方面的巨大转变。

经济全球化对我国就业总量、就业结构、就业者素质和就业体制等方面产生了深刻的影响。

1. 经济全球化对我国就业总量的影响

经济全球化对我国就业总量的影响大体可以划分为机遇和挑战两个方面。从机遇角度来看，经济全球化进程的加快有利于我国扩大对外投资，增加就业机会。经济全球化促进了世界各国经济、贸易、商品之间的流通，有利于我国加工制造业的发展。此外，随着我国对外投资的增长以及海外资本在我国建厂、发展，客观上有利于增加就业岗位。从面临的挑战来看，经济全球化推动了农业现代化发展，在一定程度上增加了农村剩余劳动力，增加了农村地区的就业压力。

2. 经济全球化对我国就业结构的影响

经济全球化能够推动我国第一、第二、第三产业的就业结构趋向合理化。然而，由于我国各个地区不同产业发展存在不平衡状态，因此易造成不同地区不同产业的就业结构矛盾加剧。

3. 经济全球化对我国就业者素质的影响

经济全球化的发展，促进了人才在全球范围内的自由流动，有利于提升我国劳动者的整体就业素质，促使人才在各个行业、各个部门之间自由流动，进行合理有效的配置。然而，现阶段我国人才教育与市场经济相比，发展较为缓慢，这在一定程度上导致我国适应国际竞争的复合型人才较少，国际竞争力不足。

4. 经济全球化对我国就业体制的影响

经济全球化促进我国劳动力市场逐步朝着健全方向发展。劳动者，尤其是高素质劳动者在市场经济中的主体地位不断提升，有益于我国劳动者就业体制的健全和发展。

(二) 互联网信息技术快速发展

互联网，又称因特网，是以网络协议或其他协议为基础、通过独一的地址逻辑、由众多网络相互连接而成的全球性信息系统。第二次世界大战后，随着美苏军备竞赛兴起，以核能、电子计算、生物、材料、空间技术等多个尖端前沿科技领域迅速发展，引发了当代高科技革命。

计算机技术初创于20世纪30年代末，至今已经历了多个发展阶段。互联网与计算机技术的发展紧密相连，互联网起源于计算机技术的第三个发展阶段。20世纪60年代末，美国出于军事目的，开发了一个新型的计算机网络，即阿帕网，其主要特点是通过一个网络将美国的四个大学实验室连接起来，这成为互联网的前身。这一技术的开发，对人类的信息传播文明做出了重大贡献。20世纪80年代互联网技术得到了迅速发展，并确立了以TCP/IP协议为全球共同遵守的网络传输控制协议。1991年互联网正式应用于商业，短短数十年中互联网迅速在全球崛起，以计算机和互联网为代表的信息技术革命，至今仍在改变人类精神世界和物质文明。

互联网在中国的起步开始于1987年，1987年随着我国第一封电子邮件的发出，中国正式拉开了使用互联网的序幕，短短三十余年间，中国的互联网取得了突飞猛进的发展。进入21世纪后，以互联网信息技术为代表的新一轮科技和产业革命正呈现出加速趋势，对世界各国的经济、政治、社会、文化等各个领域产生着深刻影响。其中，新技术革命的发展、数字经济的兴起对我国就业环境的影响最为明显。

总体上来看，互联网信息技术对我国就业环境的影响主要表现在以下三个方面。

1. 互联网信息技术对产业结构的影响

互联网信息技术的发展直接推动了我国信息产业的发展。信息产业是集资本、技术、知识于一身的产业，属于第三产业。同时，互联网信息技术还对我国传统的第一产业、第二产业和第三产业产生着深刻影响，有效推动了我国产业结构的全面升级。产业升级推动着我国新产业、新业态和新商业模式迅速发展与变革，新技术、新产品和新服务不断涌现，对劳动力市场产生着深刻影响。

现阶段，随着5G技术、人工智能技术、大数据技术的发展，进一步推动了科技革命的发展，以这些技术作为支撑的高科技企业迅速崛起，极大地推动了我国产业结构的变革，对就业数量和质量产生着深刻影响，促使就业极化现象日益凸显。

2. 互联网信息技术对劳动者素质的影响

互联网信息技术的发展，对劳动者的知识水平、智力水平和能力水平提出了更高要求，促使劳动者在原有知识水平和工作技能的基础上不断学习新技术、新知识，以适应新商业模式的需要。从这一视角来看，互联网信息技术有益于我国劳动者整体素质的全面提升。而与此同时，无法适应新商业模式，对新技术一窍不通的传统劳动者则面临着较为严峻的就业困境。

3. 互联网信息技术对劳动方式的影响

互联网信息技术打破了传统的信息传播路径，具有传播迅速、即时、远距离传播、双向互动等特点。借助互联网信息技术,劳动者可以实现远距离办公,对劳动方式产生了颠覆性革新。

近年来,随着互联网经济的快速发展,中国传统就业形态发生了一系列变革。传统就业形态下,劳动者固定的工作地点、工作时长和劳动方式等也相应发生了变化。新就业形态下劳动者的就业地点、就业时间和就业方式更加灵活,这推动了新型劳动关系的形成与发展。

(三)知识经济时代的影响

知识经济,又称"智能经济",与农业经济时代和工业经济时代相对应。知识经济理论形成于20世纪80年代。1983年,美国学者保罗·罗默(Paul M. Romer)提出了"新经济增长理论",指出知识是一种重要的生产要素,能够提高投资收益,这一理论的提出为知识经济理论的形成奠定了重要基础。

1996年,经济合作与发展组织(Organization for Economic Co-operation and Development,OECD)在其报告《知识经济》中首次提出了知识经济的概念。

进入21世纪后,随着互联网信息技术的进一步发展,知识经济时代方兴未艾,对世界各国的劳动就业产生着深刻的影响。知识经济时代的背景下,知识成为重要的战略资源,是推动经济发展的核心动力和源泉。科学技术的研究与开发是知识经济发展的基础,劳动素质和技能是知识经济实现的先决条件,服务业也在知识经济时代扮演着十分重要的角色。

知识经济时代对我国劳动就业环境的影响主要表现在以下两个方面。

1. 知识经济时代对我国产业结构的影响

知识经济时代以知识作为第一生产力,对我国产业结构的调整产生着十分重要的影响。农业经济时代,以农业生产作为主要产业;工业经济时代产业结构以农业为基础产业,以工业为主导产业。知识经济时代则以农业和工业为基础产业,以知识产业为主导产业。知识经济时代对产业结构的要求,对我国劳动力结构产生了重大影响,劳动者逐渐朝着知识密集型产业转移,高新技术人才在知识经济条件下获得了长足发展,知识劳动者逐渐代替农民和工人成为社会劳动主体。

2. 知识经济时代的到来对我国劳动素质的影响

知识经济时代的到来,知识密集型产业增长迅速,对知识劳动者的素质提出了更高的要求。农业经济时代劳动者依靠体力劳动和广种薄收而推动经济发展;工业经济时代劳动者依靠资本和自然资源的大规模低效生产而推动经济发展;知识经济时代主要依靠高精尖技术推动经济发展。为了适应高精尖技术的发展,劳动者往往需要接受较高教育,才能成为知识经济时代所需要的人才。因此,知识经济时代的到来客观上推动了我国劳动者素质的提升。

(四) 供给侧结构性改革深化发展

简而言之,供给侧结构性改革是从供给端、生产端着手,通过解放生产力,提升竞争力促进经济发展,淘汰落后产能,发展新兴领域、创造新的经济增长点。供给侧结构性改革的核心是有效化解过剩产能,促进产业优化重组,以拓展产业空间培育优势产业、新兴产业,扩大产业规模。

供给侧结构性改革的深化发展对我国劳动就业市场产生着十分重要的影响。一方面,供给侧结构性改革的深化发展,使得产能过剩的企业在优化升级的过程中降低了用人需求,使得部分缺乏劳动技能的职工面临下岗再就业,以及就业难的窘境。

另一方面,供给侧结构性改革的深化发展,推动了高新技术企业的发展,对劳动者提出了更高要求,劳动者需要全面提升能力和素质。

综上所述,供给侧结构性改革对劳动就业市场的人才结构、人才素质等方面均起着十分重要的作用。

二、新就业形态下我国就业状况概述

新就业形态是指建立在工业化和现代工厂制度基础上的、与传统就业形态相区别的就业形态,主要包括伴随着互联网技术进步与大众消费升级而出现的去雇主化就业模式及借助信息技术升级的灵活就业模式。[1]新就业形态下我国就业状况较之前发生了较大变化,面临着新的机遇与挑战(见图1-2 新就业形态下就业机遇与挑战)。

图1-2 新就业形态下就业机遇与挑战

(一)新就业形态下我国劳动者就业的新机遇

新就业形态下我国劳动者就业面临的新机遇主要表现在以下几个方面。

---

〔1〕 中国就业促进会:《新就业形态》,载《中国就业》2017年第11期。

1. 就业空间扩大，就业总量压力减小

新就业形态下以各项高新技术作为支撑的新就业形态不断出现并快速发展，有助于创造新的就业空间。尤其是随着各种新经济、新业态的发展成熟，就业产业链不断延伸，为社会各知识水平、性别、年龄的劳动者提供了众多新型工作岗位。包括妇女、残疾人在内的劳动者也得以广泛参与新经济和新业态，极大地拓宽了我国劳动力市场的就业渠道，缓解了就业总量压力。

2. 促进就业公平

就业公平一直是劳动力市场关注的重点问题之一。就业公平涉及性别、种族、健康状况、学历水平等多个方面。改革开放以来，随着我国就业市场的不断规范，我国的就业公平已较之前取得了较大进展。2015年以来，以科学技术作为支撑的新经济、新业态的出现，极大地推动了我国就业公平的发展。例如，互联网共享经济业态中的外卖派送员、电商运营员，以及创业企业中均取消了对劳动者的性别、种族、教育水平、身体状况的限制，较大程度地缓和了传统就业形态中的歧视现象和歧视程度，有效促进了就业公平的发展。

(二) 新就业形态下我国劳动者就业面临的挑战

新就业形态下，在种种新机遇之外，我国劳动者就业还面临着一系列挑战。主要体现在以下几个方面。

1. 传统就业行业从业人员受到较大冲击

新就业形态为劳动者提供了更多就业机会，然而以互联网技术为核心的互联网企业的发展，在一定程度上对同类型传统行业和企业产生了较大冲击。例如，以互联网技术为核心的网络服装零售业的发展，对线下实体服装店产生了较大冲击。由于顾客大量集中于线上，而减少了线下实体服装的消费，线下实体服装店从业人员面临被裁员和降薪风险。又如，人工智能技术的发展促使机器人取代人工从事技能水平要求低、重复性要求较高的工作，也对传统就业人员产生了较大冲击。

2. 提高了政府有关部门对就业、失业指标的精准判断标准

传统就业形态中，各级统计局统计的就业率、失业率、各高校毕业生的就业率等是衡量劳动力就业状况一系列关键指标。然而，新就业形态下，劳动力的流动性更强，就业形势更加灵活，因此，这无形中提高了政府有关部门对就业、失业指标的精准判断标准。

3. 对传统劳动关系产生了较大冲击

新就业形态出现了新型就业模式，对传统劳动关系产生了较大冲击。基于互联网信息技术为基础的新型就业模式中，劳动者与用人单位之间多借助就业平台进行匹配，在一定程度上弱化了劳动关系，传统的劳动关系界定方法不再适用。而新就业形态下，劳动关系的变化，对传统的劳动力保护政策产生了较大冲击，对社会组织形式造成了一系列挑战，使传统社会组织形式面临着进一步优化与调整。

综上所述，新就业形态下，我国就业状况面临着一系列新的机遇和挑战，这种新机遇和新挑战使我国就业状况呈现出新的特点与趋势。

第二节　新形势下我国就业状况特点及趋势

新就业形态下，我国劳动力就业模式、就业特点和就业趋势均呈现全新的变化。本节主要对此进行详细分析。

一、新就业形态下我国劳动力就业模式

新就业形态下,我国劳动力就业模式较传统就业模式更加丰富,劳动力新就业模式主要包括以下五种类型(见图1-3 劳动力就业新模式)。

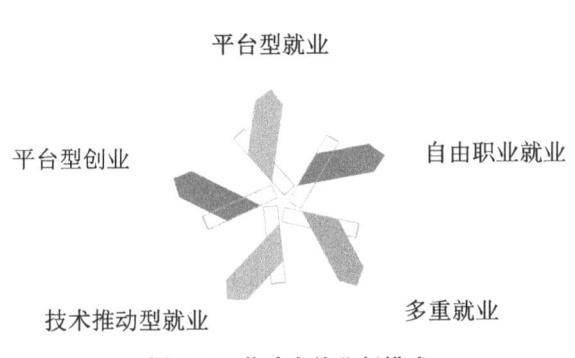

图1-3　劳动力就业新模式

(一)平台型就业模式

21世纪以来,以互联网,尤其是移动互联网技术为基础的电商平台和共享平台大量出现,这些新平台为劳动力市场提供了大量就业机会,包括电子商务平台企业、卖家、平台管理及支撑服务的衍生类就业,以及在提升交易效率、放大需求后间接刺激的上下游产业链就业。劳动者依托互联网平台寻找并确定服务对象,通过为服务对象提供特定服务而赚取工资的新就业方式即称为平台型就业模式。

例如,阿里巴巴、京东等零售平台作为我国规模较大的零售平台,每年可创造数千万就业机会,其中的平台型就业机会所占比例超1/3。以服装销售为例,传统线下实体店的服装销售

必须由销售服务员承担布置和美化店面陈设、向顾客介绍产品、为顾客结账等工作。而在线上零售平台，劳动者可通过远程服务店家，为店家提供在线店面陈设和装饰、引导店铺顾客等服务而获得报酬。

近年来，伴随各级政府、企事业单位对互联网平台的重视，以及各种互联网平台的建立，我国平台型就业的人数呈现出逐渐增长的趋势。换言之，以互联网技术为核心的平台型就业是未来劳动力就业的主要模式之一。

（二）平台型创业模式

平台型创业模式是指互联网公司或传统公司依托互联网技术搭建平台，为劳动者提供平台创业机会的模式。劳动者借助互联网平台，在主观创造力的基础上，对自身的人力资本和社会资本等资源进行有效整合，从而为社会提供各种服务。

平台型创业模式与传统创业模式最大的区别在于，劳动者借助互联网平台进行创业，为特定人群提供服务而获得报酬和利润。例如，阿里巴巴旗下的淘宝平台，借助电子商务技术将线下店铺或传统零售模式搬到线上，实现用户的线上交易。而创业者借助该平台在线创业，开设网上店铺的创业模式即属于平台型创业模式。又如，海尔推出了"海创汇""HOPE"以及"COSMO"三大平台，航天科工打造了"航天云网"平台等以支持创业者创业，孵化创业品牌为目的。创业者在这些平台上进行的创业活动也属于平台型创业模式。

（三）技术推动型就业模式

技术推动型就业模式是指以新技术的发展作为动力而创造就业机遇，从而促进传统就业方式的变革，带动具有相关技术能力的劳动者就业的模式。

例如，无人机技术的发展，不仅拉动了无人机行业和相关企业的直接发展，还拉动了无人机上下游产业链的发展。无人机产业链主要包括三部分，即上游产业链：无人机设计和关键原材料；中游产业链：无人机制造；下游产业链：无人机应用领域。其中，无人机上游产业链的关键原材料又包括金属材料和复合材料等类型；中游产业链则又可细分为飞行系统、地面系统、任务载荷系统三个方面；下游产业链则主要为无人机的应用场景，包括军用侦察、军用攻击、航空拍摄、灯光表演、农林植保、灾难救援、物流运输、电力巡检等领域。由此可见，无人机技术的发展，直接带动了上中下游产业链的完善和发展，从而为劳动者创造了大量就业机会。又如，人工智能技术、大数据等新兴技术的发展，持续推动技术的深化变革，带动人工智能等行业及上下游产业链的发展，为掌握新技术，适应新技术变革的劳动力提供了更多就业机会。

近年来，随着新技术的不断发展，各种以新技术为依托的新职业层出不穷。自 2015 年《中华人民共和国职业分类大典（2015 年版）》颁布以来，截至 2024 年，人力资源和社会保障部联合国家市场监管总局、国家统计局已发布了六批新职业（见表 1-1 2015 年以来我国发布的新职业），这些新职业中的大多数均依托新技术而产生，极大地带动了我国技术推动型就业模式的发展。

表 1-1 2015 年以来我国发布的新职业

序号	新职业
第一批	1. 人工智能工程技术人员 2. 物联网工程技术人员 3. 大数据工程技术人员 4. 云计算工程技术人员 5. 数字化管理师 6. 建筑信息模型技术员 7. 电子竞技运营师 8. 电子竞技员 9. 无人机驾驶员 10. 农业经理人 11. 物联网安装调试员 12. 工业机器人系统操作员 13. 工业机器人系统运维员
第二批	1. 智能制造工程技术人员 2. 工业互联网工程技术人员 3. 虚拟现实工程技术人员 4. 连锁经营管理师 5. 供应链管理师 6. 网约配送员 7. 人工智能训练师 8. 电气电子产品环保检测员 9. 全媒体运营师 10. 健康照护师 11. 呼吸治疗师 12. 出生缺陷防控咨询师 13. 康复辅助技术咨询师 14. 无人机装调检修工 15. 铁路综合维修工 16. 装配式建筑施工员

续表

序号	新职业
第三批	1. 区块链工程技术人员 2. 城市管理网格员 3. 互联网营销师 4. 信息安全测试员 5. 区块链应用操作员 6. 在线学习服务师 7. 社群健康助理员 8. 老年人能力评估师 9. 增材制造设备操作员
第四批	1. 集成电路工程技术人员 2. 企业合规师 3. 公司金融顾问 4. 易货师 5. 二手车经纪人 6. 汽车救援员 7. 调饮师 8. 食品安全管理师 9. 服务机器人应用技术员 10. 电子数据取证分析师 11. 职业培训师 12. 密码技术应用员 13. 建筑幕墙设计师 14. 碳排放管理员 15. 管廊运维员 16. 酒体设计师 17. 智能硬件装调员 18. 工业视觉系统运维员
第五批	1. 室内环境治理员 2. 水域环境养护保洁员 3. 花艺环境设计师 4. 印前制作员 5. 礼仪主持人

续表

序号	新职业
	6. 数字视频合成师 7. 集成电路测试员 8. 网络课件设计师 9. 霓虹灯制作员 10. 计算机乐谱制作师
第六批	1. 生物工程技术人员 2. 口腔卫生技师 3. 网络安全等级保护测评师 4. 云网智能运维员 5. 生成式人工智能系统应用员 6. 工业互联网运维员 7. 智能网联汽车测试员 8. 有色金属现货交易员 9. 用户增长运营师 10. 布展搭建师 11. 文创产品策划运营师 12. 储能电站运维管理员 13. 电能质量管理员 14. 版权经纪人 15. 网络主播 16. 滑雪巡救员 17. 氢基直接还原炼铁工 18. 智能制造系统运维员 19. 智能网联汽车装调运维员

(四) 多重就业模式

多重就业模式，顾名思义是指多重领域、跨界融合就业。劳动者不仅在一个领域或一种工作岗位就业，还在其他领域就业。多重就业者大体可划分为两种类型，即区分主业的多重就业者和不区分主业的多重就业者。其中，区分主业的多重就业者指劳动者有正式工作,而在正式工作之余借助互联网平台和自身的闲置资源,根据自身的兴趣爱好和技能水平,从事互联网平台兼职工作。例如,城市中借助互联网共享平台从事网约车司机、兼职外卖员、兼职网络教育培训师、网络问诊医师等工作的劳动者。这类劳动者一般有固定工作,只在节假日或闲暇时间从事网络兼职工作。

不区分主业的多重就业者,一般为拥有多重技能的劳动者,这些劳动者掌握了一门或多门专业技术,没有固定的工作岗位,平时为有需求的企业或个人服务,当完成工作后即与企业解除劳动关系。这类劳动者在自我介绍时常使用斜杠来区分不同职业,因此,被称为"斜杠青年"。"斜杠青年"的就业身份常在创业者和就业者之间的转换,他们个人技能水平较高,但是其工作状态相对不太稳定。

(五)自由职业就业模式

自由职业就业模式是近年来随着互联网信息技术的发展,我国市场机制不断完善、人力资本水平不断提升而形成和发展起来的就业新模式。自由职业者不隶属于任何一个企事业组织,也不向任何雇主作长期承诺,他们凭借专业知识、技术、技能为不同雇主服务。

自由职业者在现实中获得工作机会的来源主要可划分为三种类型。

第一种类型的自由职业者依托于某个专业领域、细分市场而获取工作。这类自由职业者一般智力、技术水平较高,工作经验较为丰富,业内资源充足。例如,自由撰稿人、自由艺人、市场策划咨询师、自由经纪人、健身教练、自由翻译者、专职家庭教师,等等。这种类型的自由职业者一般工作条件相对较好，收入水平也相对较高。

第二种类型的自由职业者依托于分享经济平台而获取工作。这类自由职业者借助网络虚拟平台摆脱了工厂、企业、事务所等组织机构的束缚，而直接与市场相连接，他们通过整合自身专业特长，为雇主提供服务，实现个体的市场价值。这种类型的自由职业者又可细分为服务众包就业的劳动者和按需就业的劳动者。其中，服务众包就业的劳动者一般被称为"威客"，他们常利用自己的专长为广告公司、程序公司等提供劳动服务。按需就业的劳动者一般借助互联网平台为消费者直接提供服务。例如，司机、家政服务人员等。

第三种类型的自由职业者依托于社群经济平台而获得工作。随着新媒体技术的发展，各种类型的新媒体平台上出现了大量根据兴趣、职业等而组成的交流分享群，在这些网络社群中，一些自由职业者借助社群成员的信任与分享而获得工作和收益。例如，一些自由职业者根据自己的专长和兴趣，建立了亲子群、读书群、二次元群等，通过为群内成员服务而获得经济回报。

二、新就业形态下我国劳动力就业的特点

新就业形态下，就业模式较之前发生了较大变化。在传统就业模式之外，出现了众多新型就业模式，使得劳动力就业呈现出以下特点。

（一）就业方式和就业组织方式的平台化特点

传统就业形态下，劳动者和生产资源作为生产的基本要素，其结合形式主要通过市场交易和企业内部管理实现优化配置。

劳动者必须借助政府、企事业单位等组织的线下招聘会才能获得就业机会。

新就业形态下，劳动者不再借助线下招聘会，而更多地借助互联网平台获得需求方的信息，并且与需求方进行直接沟通。劳动者就业方式从原来的"劳动者—消费者""劳动者—企业—消费者"的模式朝着"劳动者—平台—消费者"的方式转变。

（二）就业契约的灵活化特点

传统就业形态下，劳动者与就业单位之间需签订正式劳务合同，合同中对劳动者和企业方的权利与责任进行了详细约定，劳务合同属于劳动者就业的纸质契约，能够最大限度保障劳动者和就业单位的双方的权益。

新就业形态下，劳动者的就业观念和就业方式更加灵活化。许多企业为了更好地适应变化的市场需求，降低用工成本，采用分包、转包、众包等方式将工作拆分，采用与雇佣相分离的模式增加用工弹性。这些企业与劳动者之间所签订的合同包括项目承包合同、劳务派遣合同、项目制合同、联盟合同等。就业选择更加灵活多样，极大地增大了劳动者成为自由职业者或合伙人的可能性。

（三）就业边界的扩大化特点

传统就业形态下，就业边界确定。新就业形态下，用人单位和劳动力商品交易的时空限制极大减少，企业对市场机制的隔离作用被削弱，劳动者人力资本的专门属性趋于下降。劳动者和用人单位可以借助各种网络共享平台，实现更大范围、更高层次和更深程度的协作和交易。同一个劳动者，可以拥有多重职业身份，在同一时间段内为多个雇主服务，极大地扩大了劳动者的就业边界。

(四）就业主体具有包容性强和覆盖面广的特点

传统就业形态下，劳动者受雇于传统企业，需要在固定时间和地点为雇主提供内容相对确定的服务，在一定程度上造成了一些企业的高人力成本。新就业形态下，高人力资本企业可以充分借助新技术和新商业模式实现创业式就业。例如，海尔开辟的海纳云平台，通过鼓励内部员工创业的方式，孵化商业项目。通过借助互联网平台等中介，高人力资本企业可以实现出售劳动服务和转让劳动力使用权，从而使劳动者可以从事智能化高回报的新职业。

而传统中低端制造业和服务业中的低人力资本的企业或机构，可以借助线上市场，参与数字化生产和众包经济，实现劳动力商品价值和人力资本收益最大化。例如，新创业、缺乏大型项目承接能力的小广告公司，可以通过分包形式参与到大型项目之中，从而达到积累实践经验，获得市场生存机会的目的。

除此之外，新就业形态极大地降低了某些工作的就业门槛，使得下岗职工、新毕业缺乏经验的大学生、女性和残疾人等在传统就业形态下就业难的群体能够获得更多就业机会。

三、新就业形态下我国劳动力就业的趋势

新就业形态下，劳动者就业形式呈现出多样化的趋势。

（一）劳动者工作场地呈多样化趋势

新就业形态下，劳动者不再遵循传统劳动模式，他们不再在固定场地从事固定工作，而是呈现出工作场地的多样化趋势。例如，自由职业者既可以选择在雇主提供的工作场地参加会议

或从事工作，也可以选择在家中、咖啡馆、众创空间等地从事工作。又如多重就业者从事固定工作时在办公室办公，而从事兼职工作时则在兼职场地办公。

(二) 劳动就业领域呈新颖化趋势

新就业形态下，劳动者就业领域较传统就业领域范围更大、领域更多。新就业形态下出现了许多新型就业领域。这些新型就业领域大体可以划分为两种类型。

一种类型是在原就业领域的基础上，伴随互联网信息技术发展而出现的就业领域延伸。例如，传统家政服务人员多依附于家政公司等组织而获得工作机会和报酬；而在新就业形态下，则可借助互联网共享经济，摆脱原有家政公司等组织的束缚而直接为消费者提供服务。

另一种类型则是伴随人工智能、大数据等新兴科技而发展起来的新就业领域。例如，人工智能工程技术人员、物联网工程技术人员、大数据工程技术人员、云计算工程技术人员、数字化管理师、无人机驾驶员等。

(三) 就业技术手段呈多样化趋势

新就业形态下，就业技术手段更加多样化。传统就业形态下，劳动者需要借助社会有关部门或学校举办的招聘会来获得就业机会。而新就业形态下，劳动者不需要再依托线下招聘会，他们可以借助互联网信息技术，通过线上招聘会或BOSS直聘等招聘平台获得就业机会。而自由职业者或多重就业劳动者则可利用专门的威客平台、共享平台等获得就业机会。

(四) 就业组织方式呈多元化趋势

新就业形态下，就业组织方式更加多元，不再局限于招聘会、下岗再培训等线下就业组织方式，而逐渐构建起由政府、高校和企业组织的就业支持体系。例如，广告公司在运作某大型项目时，公司人手不足，可以将项目进行分解，再分包给威客一同完成。这种就业组织方式更加灵活，也更加适应新就业形态的需求。

（五）就业观念呈灵活化趋势

新就业形态下，劳动者的就业观念也日益灵活化。传统的就业观念中，劳动者需受雇于固定的工作单位，有一份稳定的工作，工作内容和工作地点、时间等相对固定。这样的工作相对稳定，能够给劳动者带来稳定的收入。然而，在新就业形态下，劳动者不再一味追求稳定就业，就业观念发生了较大变化。许多大学生等劳动群体选择自行创业或成为一名自由职业者，就业观念更加灵活化。

第三节　新就业形态对劳动关系的影响

劳动关系是劳动者与劳动力使用者之间的社会经济利益关系的统称，也是生产关系的重要组成部分，是最基本的社会关系之一。"新就业形态"是新时代催生出来的新经济形态在就业领域的反映，是传统产业在互联网条件下延伸而产生出来的、尚未完全转化成独立新形态的就业样态。新就业形态打破了传统的劳动关系，使劳动关系呈现出一系列新特点。

新就业形态下劳动关系的变化主要表现在劳动契约关系的多元化、劳动支配关系的隐蔽化、劳动博弈关系的复杂化、劳动社会保障体系不适应化等方面。本节主要对新就业形态对劳动关系的影响进行详细阐释。

一、新就业形态下劳动契约关系的多元化

劳动关系中,根据劳动者有无生产资料,可以将劳动者划分为无生产资料的劳动者、自有生产资料的劳动者和部分自有生产资料的劳动者三种类型。其中,无生产资料的劳动者在劳动中为纯粹的劳动力,其与雇主之间的劳动关系主要为雇佣关系;自有生产资料的劳动者为自营劳动者;部分自有生产资料的劳动者为受雇兼自营劳动者。

新就业形态下,劳动契约关系已超出了传统劳动契约关系范畴,呈现出多元化、复杂化和动态化的特点。

传统就业形态中,一般一个劳动者对应一个雇主,劳动者在固定的时间和场所为雇主服务,劳动者和雇主之间的契约关系相对单一、固定。而新就业形态下,一个劳动者可以从事多种工作,对应多个雇主。劳动者与雇主之间的契约关系呈现出多重化和弹性化的特点。例如,一些劳动者白天在固定工作单位上班,下班后兼职网约车司机,该劳动者与本职工作单位和兼职的网约车平台形成了双重雇佣关系。近年来,随着新就业形态的发展,各种新型劳动模式兴起,越来越多的企业组织通过精简固定劳动岗位,保留核心劳动岗位的方法减少人力成本。而将非核心的劳动工作借助互联网平台以众包的形式委托他人完成,与众包劳动者之间形成暂时契约关系。这种众包形式的大量出现,在一定程度上提高了社会灵活用工的使用频率,同时也对劳动关系的稳定性产生了较大冲击。

除了众包形式之外,新就业形态中,大量个体劳动者借助互联网平台获得劳动机会,承接工作。互联网平台主要从事为

个体劳动者提供信息服务、匹配和撮合劳动者与消费者交易的工作，互联网平台与劳动者之间不存在明显的组织从属性、经济从属性和人身人格从属性的特征，平台对劳动者并没有劳动支配权和控制权，两者之间形成了合作和分成性质的契约关系。

例如，网约车司机大多利用闲置的车辆资源和时间资源借助网约车平台为客户提供服务。网约车司机所拥有的车辆即属于自有生产资料，而其与网约车平台之间的契约关系属于自营还是雇佣关系存在一定的模糊性，两者之间更鲜明地体现为合作和分成的契约关系。

二、新就业形态下劳动支配关系的隐蔽化

新就业形态下，雇主对劳动的支配方式更加隐蔽，剥削强度更大，控制的对象和范围更加广泛。

传统就业形态下，劳动者从事固定工作时，具有相对固定的劳动时间、劳动强度和劳动薪酬。新就业形态下，劳动者的劳动方式更加灵活，劳动时间、劳动强度、劳动薪酬等均具有较强的灵活性。

传统就业形态下，劳动者的劳动时间一般为在固定物理空间的劳动时间，根据国家相关规定，一般为一天8小时法定劳动时间，超出法定工作时间之外的额外劳动时间，作为雇主的企业需支付劳动者相应的加班费。新就业形态下，劳动者的劳动时间从固定劳动场所的物理空间朝着灵活化方向发展。新就业形态下，劳动者的劳动场所更加自主和灵活。雇主为了实时监测劳动者的劳动状态，采用先进的数字技术以每小时甚至每

分钟的频率自动捕捉和记录劳动者的劳动过程，在无形提升了雇主对劳动者劳动状态的精细化监控。此外，面对自由职业者、威客等新就业形态，雇主一般以业绩来计算薪酬，劳动者为了增加收入，不得不增加劳动时间，以延长工作时间的方式来换取劳动报酬。因此，从这一视角来看，资本对劳动时间的支配呈现隐蔽化特点。

传统就业形态下，劳动者的劳动强度多体现在物化的产品数量、生产效率或服务数量和质量等方面。新就业形态下，劳动者的劳动强度不再单纯地以劳动者自身所创造的产品或服务的数量和质量等衡量，而是以工作绩效作为劳动报酬指标。尤其是在互联网等领域，工作绩效不仅局限于公司内部的竞争，还与消费者的认同和评价相关联。互联网行业工作绩效的这种评价方式在无形中提高了劳动者的工作难度，增强了其劳动强度和竞争激烈程度。从这一视角来看，新就业形态下，雇主对劳动者劳动强度的支配性更强且具有更强的隐蔽性。

传统就业形态下，劳动者的劳动报酬基本固定。而新就业形态下，劳动者的劳动报酬更加灵活，雇主对劳动者报酬的支配也更隐蔽化。科技发展推动了生产力的发展，雇主有权选择雇佣的人员和给付的报酬，是否用智能机器人代替低技能劳动者，而高技能劳动者也面临着被智能机器人所替代的潜在风险。

新就业形态下，劳动者与雇主所签订的契约从表面上来看，具有较强的灵活性和自主性，雇主多按照绩效给付工资。然而劳动者在互联网平台的交易规则、产品服务价值、劳动者分成收入、劳动保障和福利等方面，往往缺少足够的话语权，绩效标准由雇主单方面确定。

新就业形态下，许多传统就业形态下雇主应当承担的经营成本被转嫁到个体劳动者身上。自由职业劳动者或各种依托互联网平台的外包劳动模式下，员工成为相对独立的承包商而非企业的直接雇员，因此企业等雇主可以削减福利、加班费、病假补贴以及其他成本，从而达到变相削减企业成本的目的。而这种方式则促使新就业形态下劳动者的报酬隐秘性降低。

因此从这一视角来看，新就业形态下，雇主对劳动者劳动报酬具有更强的支配权，且支配方式更加隐蔽。

三、新就业形态下劳动博弈关系的复杂化

新就业形态下劳动者和雇主之间的劳动博弈关系更加复杂，主要表现在三个方面。

（一）新就业形态下雇主和劳动者之间的劳资博弈地位悬殊化

新科技革命的发展主要表现出鲜明的技术性和资本密集型特征。例如，人工智能技术的发展需要依赖资本支撑，而在资本支撑下，经过激烈的市场竞争迅速脱颖而出的数家企业会获得更多资本支持，从而奠定其行业领军地位，形成市场垄断。而技术集中化和资本集中化，使得企业等雇主获得更强的垄断话语权，而劳动者的谈判能力相对弱化，从而造成雇主和劳动者之间劳资博弈地位的悬殊化。

此外，新就业形态下，劳动者的松散化和弱联结化也进一步弱化了劳动者在劳资博弈中的地位。

(二) 新就业形态下雇主与劳动者双方地位的悬殊会促进双方博弈策略选择差异扩大化

新就业形态下，雇主可使用的劳动博弈策略呈现出多元化的趋势。除了传统就业形态下制造劳动者内部竞争的劳动博弈策略之外，还可以通过以机器代替部分劳动、进行企业轻资产运营、灵活重组再构等手段，应对市场风险，增强雇主在劳资博弈中的优势。

相对而言，新就业形态下，劳动者在劳资博弈中的选择更加狭窄且被动。传统就业形态下，劳动者在固定物理空间内劳动，劳动者之间呈现面对面工作的状态，易于进行信息分享、深度沟通和集体行动，并且依托企业工会、区域劳动仲裁委等机构可以与雇主实现集体协调谈判。劳动者在劳资博弈中可以采用组织劳工代表团体，收集雇主不合理的用工证据，集体罢工等方式。

然而，在新就业形态下，劳动者不再集中于同一个城市的同一处地点进行工作，而是分散于全国甚至世界各地，使得劳动者之间进行集体沟通、协作、集结、行动的成本大大增加。除此之外，新就业形态下，劳动者大多借助互联网远程技术或数字化的劳动形式工作，在一定程度上增加了收集雇主不合理或违法违规用工证据的难度，难以提出或组织对雇主有威慑力的罢工等博弈策略。

由此可见，新就业形态下，雇主可选择的劳资博弈策略的多样化和劳动者可选择劳资博弈策略的狭窄化，使得雇主在劳资博弈策略中占有优势地位，而劳动者则居于相对劣势的地位。

(三)新就业形态下雇主与劳动者之间的劳资博弈结果呈现出不稳定化的趋势

传统就业形态下,雇主所从事的行业变化性较小。例如,传统制造业需要置办大量机器、厂房等固定资产,雇主通过一定时间的经营才能实现成本回收,赚取利润,因此传统制造业劳资关系的变动幅度较小。

新就业形态下,随着新技术层出不穷,日新月异,新产业和新业态创新频繁,商业周期缩短,商业竞争日趋激烈,商业竞争淘汰率日益增高。以技术为依托的新企业往往会跟随新技术的发展而快速调整企业战略、技术、组织等内容,从而导致企业裁员、降薪、福利保障的改革等越来越频繁。这在一定程度上使得劳资博弈周期大大缩短,执行博弈结果的可持续性下降。新就业形态下,企业政策和组织的多变性,以及劳动者与雇主之间博弈结果的不稳定性,导致劳动者对企业的认同感和归属感较低,人员流动性相对增强。

除此之外,新就业形态下,企业等雇主为了适应更加激烈的市场竞争,往往采取劳动外包、众包、劳动资料外包、远程服务等方式以成本最小化的发展模式来实现企业运营。这种模式使得企业等雇主需要对不同劳动者采取不同的合作博弈策略。企业等雇主对高技能、复合型的核心人才资源采用双赢的合作博弈策略,而对普通技能员工则采用非合作博弈和零和博弈策略,以劳动者利益受损为代价换取企业自身利益的增进。而在劳资博弈中利益受损的普通劳动者,往往较少采用正规劳资博弈渠道,而越来越多地借助网络新媒体、集体罢工、上访、围堵企业等激烈的抗争方式,使得劳资双方的非合作博弈呈现出失序化和激烈化的特征。

四、新就业形态下对劳动保障体系的挑战

新就业形态下劳动者的就业方式更加灵活，和雇主之间的劳动关系更加复杂多样，正在打破传统就业形态的雇主和员工关系。然而，由于新就业形态出现时间较短，但发展势头猛烈，国家针对新就业形态下劳动关系的保护制度还未出台，新就业形态中的劳动者和雇主双方面临着就业安全性不足、利益表达渠道狭窄、权益保障制度滞后于实际发展需求等困境。未来，随着新就业形态的持续发展，劳动关系将朝着更加复杂多样的趋势发展，劳动者面临的就业安全性、权益保障滞后等一系列挑战，亟待相关部门重视和完善。

新就业形态下劳动者与雇主之间的关系更加多元化和复杂化，传统的《劳动法》[1]《劳动合同法》等相关法律法规条文对劳动关系的界定标准，一般依据劳动和社会保障部2005年颁布的《关于确定劳动关系有关事项的通知》中的三项标准，即劳动者与用人单位符合主体资格；劳动者受企业规章制度的约束和管理，从事有酬劳动；劳动者提供的劳动是用人单位业务的组成部分。然而，许多新就业形态依托互联网平台进行工作，而劳动者与互联网平台之间不具备人身隶属关系。这使得互联网用工劳动关系的认定存在一定困难，网约工的劳动权益难以得到有效保障。由此可见，我国传统的《劳动法》《劳动合同法》等相关法律法规条文面临着一定挑战。

新就业形态下灵活就业人员的数量大大增加，而以网约车、

---

[1]《劳动法》即《中华人民共和国劳动法》，为表述方便，本书中涉及我国法律名称全部省略"中华人民共和国"字样，全书统一，后不赘述。

代驾、外卖等为主的新业态经济中，劳动者大多通过互联网平台获取信息、提供服务、获得报酬。由于互联网平台与劳动者之间不具备人身隶属关系，劳动者的社会保障认定存在一定困难。一方面，一些劳动者可能边领取失业金，边从事快递员、送餐员、网约车司机等相关工作。另一方面，互联网平台并未为劳动者提供医疗保险、工伤保险等全面的劳动安全保险，使劳动者在工作过程中面临着较高的劳动风险。

因此，从这一视角来看，我国传统的劳动社会保障体系在新就业形态下面临着一系列挑战。

第二章

劳动者劳动权益保护概述

第一节 劳动者的主体地位概述

劳动者主体地位，是指在一定的经济社会条件与文化环境下处于一定的劳动关系之中并受其制约和决定的、以劳动者权益保障为主要内容的劳动者自身利益的实现程度。[1]本节主要对劳动者的主体地位进行分析与阐释。

一、劳动者主体地位分析

劳动者主体地位是由社会劳动关系决定的。社会的发展离不开劳动者的智力劳动和体力劳动。根据《劳动法》《劳动合同法》的相关规定，劳动者是劳动合同的主体，其劳动权益受法律保护。

劳动合同的主体，一方为用人单位，一方为劳动者。我国

---

[1] 常凯主编：《劳动关系·劳动者·劳权——当代中国的劳动问题》，中国劳动出版社1995年版，第323页。

法律规定，不具有法定资格的公民与不具有用工权的组织和个人不能签订劳动合同。

用人单位，是受法律允许招录和使用劳动力的组织。包括企业、个体经济组织、民办非企业单位，以及国家机关、事业单位、社会团体和其他社会力量以及公民利用非国有资产举办的、从事非营利性社会服务活动的社会组织。

劳动者则是特指具有劳动权利能力和劳动行为能力的公民。我国《劳动法》《劳动合同法》对劳动者的最低年龄进行了规定。劳动者是生产力中的主体因素。如果用人单位中没有劳动者，那么，该用人单位既不属于法律意义上的社会组织，也不能为社会创造财富和价值。用人单位只有充分发挥劳动者的主体地位，才能推动用人单位的不断发展与壮大，才能为社会做出更大贡献。

二、保障劳动者主体地位的时代意义

保障劳动者主体地位具有以下重要意义。

（一）保障劳动者主体地位是社会主义民主法治建设的本质属性

社会主义民主法治是指在社会主义制度下，人民是国家的主人，国家的一切权力属于人民，人民通过体现人民意志的法律来管理国家，管理社会经济、文化事务，选举和监督国家机关及其工作人员，有效、有序地表达和保障人民的根本利益。由此可见，人民性是社会主义民主法治的本质属性。

劳动者作为社会主义建设的主体，是构成人民的主体之一。从这一视角来看，保障劳动者的主体地位，让劳动者参与到国家社会事务的管理中，构建完善的法律法规体系保障劳动者的

合法权益,不仅能够充分实现劳动者的公民权利、经济社会文化权利以及政治权利,还能够对国家的公权力进行有效监督和制约。在保障劳动者主体地位的同时即可实现社会主义民主法治建设。由此可见,保障劳动者主体地位是社会主义民主法治建设的本质属性。

(二)保障劳动者主体地位是社会回归公平、正义和道德价值的根本

保障劳动者的主体地位,有利于彰显社会公平,促进社会财富的合理分配。劳动者是推动社会生产力不断发展的决定性因素,也是基础性因素。劳动者在劳动中创造了社会精神财富和物质财富。

只有充分保障劳动者的主体地位,才能彰显社会的公平和正义,确保劳动者的创造潜能得以充分挖掘。充分保障劳动者的主体地位,才能在体现社会效益的同时,在社会上形成尊重劳动、崇尚科学、重视人才的良好道德风尚。由此可见,保障劳动者主体地位是社会回归公平、正义和道德价值的根本。

(三)保障劳动者主体地位是转变经济发展方式的关键

推动经济发展方式转变的关键在于科技创新和国民收入水平的提高,而推动科技创新和国民收入水平不断提高的关键则是劳动者素质的提升和劳动者收入的提高。社会技术进步和国家发展的关键在于人力资本存量,尤其是劳动者自主创新素养。而保障劳动者的主体地位,有利于我国加大教育投入,提升劳动者整体素质,保障劳动者的智力成果创造权和劳动者的合法劳动所得,从而不断推动经济发展方式朝着可持续的方向发展。

综上所述,保障劳动者的主体地位,具有极其重要的时代意义和社会价值。

第二节 劳动者劳动权益的基本内容

劳动者的劳动权益是指劳动者依照劳动法律、法规的相关规定应该享有的各项权利。本节主要对劳动者劳动权益的基本内容进行概述。

一、劳动者劳动权益概述

根据我国《劳动法》第 3 条第 1 款的规定,劳动者被赋予平等就业和择业权、取得劳动报酬的权利、休息休假的权利、获得劳动安全卫生保护的权利、接受职业技能培训的权利、提请劳动争议处理的权利、法律规定的其他劳动权利。

(一) 平等就业权和择业权

平等就业权和择业权是我国《劳动法》赋予劳动者的基本权益。我国《劳动法》第 12 条明确规定,劳动者就业权不因民族、种族、性别、宗族信仰不同而受到歧视。劳动者的平等择业权则是指劳动者在就业时,有权根据自己的兴趣、意愿选择适合的用人单位和工作岗位,而不受到任何外来力量的强迫与干涉。

(二) 取得劳动报酬的权利

劳动报酬是指劳动者通过付出劳动而换取的物质利益,无论任何形式的劳动者均有权要求用人单位按照劳动者本人所提供的劳动数量和质量支付相应的报酬。劳动者的劳动报酬权受《劳动法》保护。劳动者的劳动报酬权包括工资和其他合法的劳动收入(见图 2-1 劳动者劳动报酬构成示意图)。

第二章 劳动者劳动权益保护概述

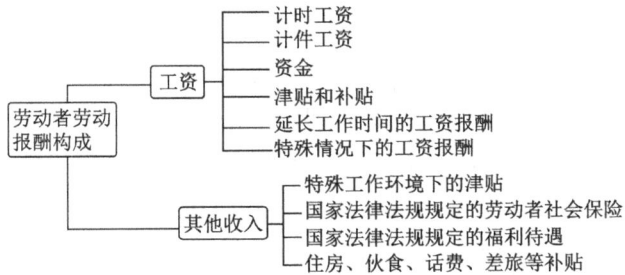

图 2-1 劳动者劳动报酬构成示意图

(三) 休息休假的权利

劳动者在法律规定的时间之外具有不从事生产和工作，自行支配时间的权利（见图 2-2 劳动者休息休假权示意图）。根据我国《劳动法》规定，劳动者每天工作时间不超过 8 小时，每周工作时间不超过 44 小时。劳动者每天延长工作时间不超过 1 小时，由于特殊原因延长工作时间的，在保障劳动者身体健康的条件下不得超过 3 小时。

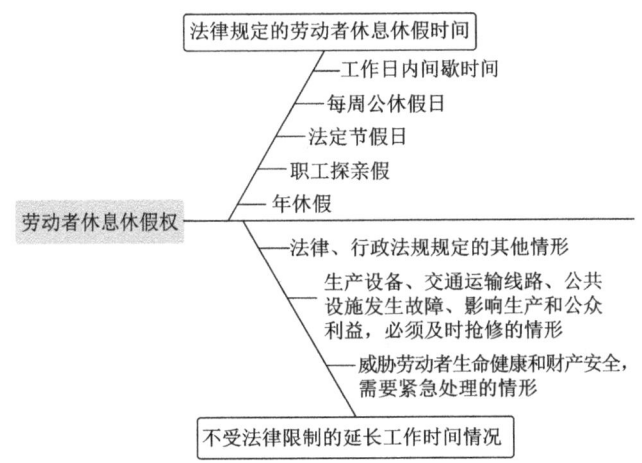

图 2-2 劳动者休息休假权示意图

（四）获得劳动安全卫生保护的权利

劳动者在劳动过程中依法享有用人单位提供的安全卫生的劳动条件，以保护劳动者生命和健康的权利。劳动者在劳动安全卫生法律制度中，享有完整权利保护的同时也承担着重要义务。即劳动者应学习掌握与本岗位相关的劳动安全卫生规章，加强职业技能培训，严格按照相关规定工作，不得违章工作。

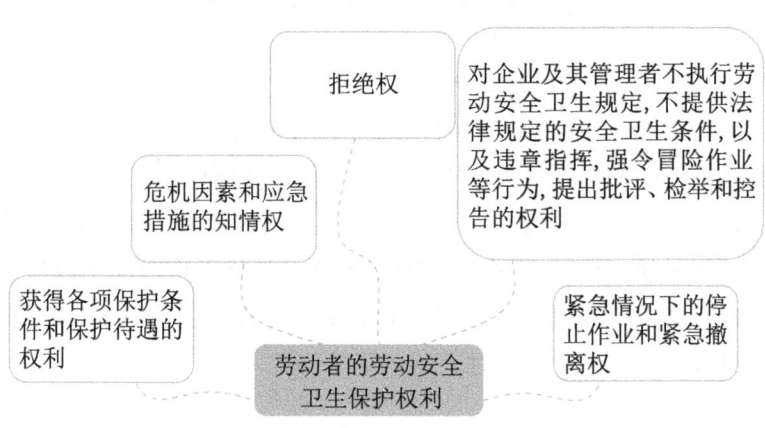

图 2-3 劳动者的劳动安全卫生保护权利

（五）接受职业技能培训的权利

任何岗位的劳动者均享有参加培训和提高其职业技能的教育和训练的权利。

（六）享有社会保险和社会福利补贴的权利

劳动者享有社会保险和社会福利补贴的权利，有权要求用人单位为其缴纳社会保险费（见图 2-4 劳动者的社会保险和社会福利补贴权示意图）。

第二章　劳动者劳动权益保护概述

图 2-4　劳动者的社会保险和社会福利补贴权示意图

（七）提请劳动争议处理的权利

当劳动者与用人单位之间产生劳动纠纷时，劳动者有权提请有关部门或机构对劳动争议进行调解、仲裁和诉讼。

（八）法律规定的其他劳动权利

除了以上法律和法规规定的劳动者权益之外，劳动者还享有依法参加工会组织的权利、依法与用人单位平等协商的权利、依法解除劳动合同的权利、依法对用人单位违反劳动法律的行为进行检举和控告的权利，等等。

二、新就业形态下劳动者的劳动权益保障现状

我国现行的劳动法律法规赋予了传统劳动者在劳动过程中享有的一般劳动权利，这些劳动权利，大多数也适用于新就业形态下劳动者。

近年来，随着新就业形态经济的崛起和快速发展，新就业形态下劳动者为了保护自身的劳动权益与互联网平台企业对簿公堂的情况时有发生。本书主要通过近年来的实际立法案件，以及法院审理结果对新就业形态下劳动者的劳动权益保障落实情况进行详细分析。

（一）新就业形态下劳动者平等就业权和平等择业权的落实情况

新就业形态吸引了社会上大量的灵活就业者，其中包括大量来自农村、缺少职业技术专长的农民工、家庭妇女，以及年龄较大的劳动者，等等。由此可见，与传统劳动形态相比，新就业形态下劳动者的平等就业权和平等择业权整体落实较为良好。

然而，在某些新就业形态中，例如网约车行业，一些地区存在对网约车司机的户籍限制和网约车运营车辆的车牌限制的情况。这一规定在某种程度上侵犯了劳动者的平等就业权和平等择业权。

（二）新就业形态下劳动者劳动报酬权的落实情况

劳动报酬权是劳动者的基本权利之一，也是劳动者最重视的劳动权利。新就业形态下劳动者劳动报酬权的诉讼较多，原因较为复杂。新就业形态下劳动者的工作模式，通常为灵活用工模式。劳动者的工作时间较为灵活、劳动场所不固定，按单结账。新就业形态下劳动者的这一工作模式导致新就业形态下劳动者的劳动报酬权通常具有以下特点。

1. 劳动者的薪酬变动特点

新就业形态下劳动者的薪酬通常以电子货币发放，且由于新就业形态下的劳动多为计件形式，劳动者的收入通常与接单量的多少有直接关系，因此，劳动者每天的劳动收入呈现出较大的变化。

以外卖骑手为例，外卖骑手一般每单赚取大约7元到8元，有的由于距离短，则每单赚取金额更少，外卖骑手每天或每月的接单量不同，则外卖骑手的薪酬也不相同。

2. 劳动者薪酬的支付主体呈现模糊性

新就业形态下劳动者不同于传统劳动者，传统劳动者与用人单位之间存在明确的劳动关系，传统劳动者为用人单位提供劳动，用人单位向劳动者支付一定数额的报酬。

新就业形态下劳动者依托平台企业通过接单而获得收入。新就业形态下劳动者与平台企业或第三方公司之间的劳动关系存在模糊性。劳动者在接单后，为客户提供所需要的服务，客户支付给平台一定的报酬，平台企业和劳动者按比例获得相应的报酬。

新就业形态下劳动者与平台企业之间产生的劳动报酬纠纷一般集中在劳动平台抽成比例、最低薪酬支付标准、劳动者劳动报酬支付主体等方面。关于新就业形态下劳动者与平台企业之间的报酬权纠纷的特点将在下文进行详细分析，这里不再赘述。

（三）新就业形态下劳动者安全卫生保护权的落实情况

新就业形态下平台企业或第三方公司一般会为劳动者提供简单的安全保障工具。例如，外卖平台一般会为劳动者提供头盔、护膝等劳动安全工具，有的外卖平台还会为劳动者提供蓝牙耳机，以便于外卖骑手在行驶过程中避免使用手持电话，提高外卖骑手的安全性。新就业形态下劳动者由于长时间在城市繁忙的道路上行驶，难免会出现交通事故，从而对新就业形态下劳动者的身体健康产生危害。由此可见，新就业形态下劳动者安全卫生保护权的落实情况有待完善。

（四）新就业形态下劳动者保险权的落实情况

新就业形态下的劳动者属于灵活就业劳动者，一般而言，劳动者与平台企业或未签订任何性质的劳动合同，或签订了劳务合同、服务协议，等等。平台企业一般只为劳动者缴纳某种形式的人身意外保险，而不为劳动者缴纳基本养老保险和医疗保险。此外，新就业形态下劳动者一般未缴纳工伤保险、失业保险和生育保险。综上所述，新就业形态下劳动者保险权的落实情况较差。

从新就业形态下劳动者各项权益的落实情况来看，现阶段新就业形态下劳动者某些权益并未落实，有的权益无法保障，有的权益保障不到位，等等。新就业形态下劳动者劳动权益保障的种种现状与新就业形态下劳动形式以及劳动性质之间存在较为紧密的联系。

三、新就业形态下劳动者劳动权益保障困境的原因

新就业形态下，劳动者各项劳动权益保障的困境是由新就业形态下劳动者的用工模式决定的。具体来说，体现在以下几个方面。

（一）新就业形态下劳动者与企业之间的从属性被弱化

新就业形态下劳动者的用工模式大多属于灵活用工模式，劳动者与互联网平台企业之间的从属性呈现出弱化状态。

许多新就业形态下劳动者只需要在互联网平台注册即可与该劳动平台达成服务协议，双方之间不必另外签订劳动合同。即使平台企业与劳动者签订了合同，所签订的合同也大多为劳务合同而非正规的劳动合同，且与劳动者签约的公司往往为第三方公司或合作公司，而并非直接与平台企业签约。新就业形态下劳动者的这种特殊的用工模式导致了劳动者与企业之间的人格从属性和经济从属性呈现出弱化状态，从而使得双方的劳

动关系存在较强的模糊性。

1. 新就业形态下劳动者与用人单位之间人格从属性的弱化

传统劳动者在劳动期间，通常与用人单位之间存在较强的人格从属性。由于劳动力与劳动者无法分离，劳动者在为用人单位提供劳动的同时，用人单位通常可以根据需要对劳动者进行支配。

例如，用人单位可以规定劳动者在特定的时间内在某一工作地点按照一定的规则完成某项工作。如果劳动者无法在用人单位规定的时间内完成某项工作，或未达到工作预期，用人单位可以通过一定的合法手段对劳动者进行惩戒。由此可见，在传统劳动关系中，劳动者与用人单位之间存在着较强的从属关系。

新就业形态下劳动者的工作时间较为灵活，可以较为自主地掌握工作时间，工作场所无法固定，工作地点则通常随着订单的要求而改变。新就业形态下劳动者的这种工作模式在一定程度上弱化了劳动者与用人单位之间的从属关系。

2. 新就业形态下劳动者与用人单位之间经济从属性的弱化

传统劳动模式下，劳动者通过借助用人单位提供的生产资料进行劳动，并依法从用人单位获得持续而有规律的劳动报酬。新就业形态下，劳动者大多不需要用人单位提供生产资料，而是使用自备的生产资料或生产工具进行工作。例如，网约车司机中存在一部分使用私家车从事网约车业务的司机，这类司机仅仅依托平台企业提供的订单信息进行工作。

除此之外，新就业形态下劳动者的报酬获得方式也存在一定的模糊性。传统就业形态下，劳动者所获得的劳动报酬均来源于用人单位，用人单位依照合同规定向劳动者支付劳动报酬。

新就业形态下劳动者所获得的报酬来源于客户的订单，扣除用人单位的分成比例后的剩余金额。

以网约车司机为例，网约车司机的工作模式类似于计件工资。网约车司机每完成一个订单，客户会在平台上支付该订单所需的金额。平台企业对该订单进行一定比例的抽成，所剩余的部分即为网约车司机的报酬。从网约车司机的劳动报酬获得方式来看，网约车司机与用人单位之间的经济从属性也存在弱化现象。

综上所述，新就业形态下劳动者与用人单位之间的从属性呈现弱化趋势。然而，在某些环节中，新就业形态下劳动者与用人单位之间的从属性依然较为突出。例如，无论外卖平台还是网约车平台，均对劳动者每天的在线总时长或每月在线总时长，以及高峰时段的在线总时长进行了严格规定，如果劳动者无法达到平台企业规定的在线总时长，平台企业将会对劳动者进行各种形式的惩戒和处罚。

由于新就业形态下劳动者与用人单位之间从属性的变化，使得劳动者与用人单位之间的劳动关系存在较大争议，在一定程度上影响了新就业形态下劳动者劳动权益保障的落实。

(二) 新就业形态下企业用工存在不规范行为

新就业形态下，互联网平台企业以盈利为目的。为了达到逐利目的，互联网平台企业用工存在较多不规范行为，表现在以下几个方面。

1. 平台企业在管理方式上存在矛盾行为

新就业形态下，劳动者与互联网平台企业之间的地位差距较大。互联网平台企业在劳动关系中具有较强优势，具有制定劳动规则、选择签订合同类型的自由，而劳动者则处于弱势地位，只能被动接受平台企业制定的劳动规则，在是否签订合同，以及签订何种类型的合同方面也没有话语权。

互联网平台企业为了追求利益的最大化，往往不与劳动者签订正规的劳动合同，存在"去劳动关系"的现象。在日常工作中，平台企业为了加强对劳动者的管理，往往通过各种规则加强对劳动者的监督和监管。例如，对劳动者的每天在线时长、高峰时段在线时长、每天的营业额、每月的订单总量等进行严格要求，以确保劳动者的工作效率。然而，劳动者一旦与平台企业发生劳动纠纷，平台企业则往往会以双方之间不存在劳动关系，没有签订劳动合同为由，规避应担负的责任，逃避企业应尽的义务。

2. 平台企业在用工行为上存在不规范操作

互联网平台企业作为具有强势地位的用工主体，其资本和人员实力雄厚，在招聘时往往与劳动者签订全国统一或区域统一的劳动协议，而不与个别劳动者就劳动内容、劳动时间、劳动报酬等单独协商。劳动者如果想要获得该职位，只能接受这样的协议。

除此之外，平台企业虽然与劳动者之间存在从属关系，然而，当劳动者在为客户服务过程中发生意外事件或有突发事件时，平台企业一般不承担责任，劳动者全权承担相关责任。例如，外卖骑手送餐时由于商家出餐慢、客户地址标错、送餐后餐食被他人拿走，交通事故等原因延误送餐，外卖平台均不承担责任，需要骑手本人承担责任。这些事件的责任认定在一定程度上暴露了平台企业用工不规范的问题。

(三) 新就业形态下劳动者维权难度高

新就业形态下，平台企业一般不为劳动者缴纳全部社会保险，以降低企业的用工成本。然而，一旦劳动者与平台企业之

新就业形态下劳动者劳动权益保护有效途径探究

间发生纠纷，或劳动者出现意外事故后，劳动者的维权往往面临着难度较大的状况。

1. 新就业形态下劳动者维权成本过高

根据我国现有法律法规，对劳动者劳动权益的保障往往以明确的劳动关系作为基础。新就业形态下用工模式存在较强的灵活性和复杂性的特点。由于互联网平台可以跨区域招聘劳动者，因此，大型互联网平台企业所签约的劳动者可能遍布全国各地。用人单位与劳动者之间大多通过互联网平台签订协议。

根据我国法律法规，劳动者与用人单位之间产生纠纷时，原则上将用人单位所在地或劳动合同履行地作为案件的管辖地。当无法确定劳动合同的履行地时，则一般由用人单位所在地法院管辖。例如，当海口的某位劳动者与所在地为北京的某互联网平台签订劳动协议并产生劳动纠纷后，海口的劳动者如果无法证明平台企业将其工作地设定在海口，那么该劳动者只能到北京起诉该平台企业。而新就业形态下劳动者大多为灵活就业人员，经济压力较大、受教育水平不高，跨地区进行诉讼不仅需要承担较高的交通成本、住宿成本，还要承担因诉讼时间长所产生的时间成本，影响劳动者从事其他劳动。由此可见，新就业形态下，劳动者的维权成本较高，因此许多劳动者在劳动权益受到侵犯时，容易选择妥协。

2. 新就业形态下劳动者维权难度较大

新就业形态下，由于劳动者大多依托平台订单进行劳动，与用人单位之间的从属关系相对较弱，且劳动者与用人单位之间一般不签订正式的劳动合同。此外，新就业形态下劳动者与用人单位之间的一切联系，例如关于劳动时间和劳动地点的记录、消费者评价等，以及与劳动相关的所有数据均以电子信息方式进行保存。劳动者如果不登录平台系统很难获得相关数据，而平台企业则可以随时对电子信息记录进行修改，这种信息保存方式不利于劳动者收集有利的证据。

因此，当劳动者的权益受到侵犯时，劳动者往往由于无法证实双方之间的劳动关系而面临较大的维权难度。

第三节　劳动者劳动权益的法律保护

新就业形态下劳动者的劳动权益保护存在落实不到位的现象，本节主要通过相关的案例分析，以及法院判决，对劳动者劳动权益的法律保护进行分析。

一、劳动者与用人单位之间劳动关系的确定

劳动者与用人单位之间是否存在明确的劳动关系，是劳动者维护劳动权益的基础和核心。新就业形态下，当劳动者权益受到侵犯而诉诸法律时，劳动者必须证明自己与用人单位之间存在着明确的劳动关系，否则，法院一般不会给予立案。由此可见，劳动者与用人单位之间劳动关系的确定是维护劳动者合法权益的根本。

由于存在劳动关系是受到劳动法保护的前提和基础，所以新就业形态从业人员在与用人单位产生劳动纠纷后，需要先确认双方之间存在劳动关系。只有确认了劳动者与用人单位之间存在劳动关系后，劳动者才能提起关于合法权益受到侵犯的诉讼。否则，如果劳动者与用人单位之间的劳动关系无法认定，那么，劳动者则无法使用法律武器维护其权益。

根据我国现行的劳动法律法规，确立劳动者与用人单位之间的劳动关系主要以劳动合同作为依据。我国《劳动合同法》规定了劳动者与用人单位成立劳动关系的时间起点可以是从用工之日起。根据该项规定可知，我国也承认事实劳动关系。

在司法实践中，判断劳动者与企业之间是否构成劳动关系时，如果双方没有签订劳动合同，则根据《关于确立劳动关系有关事项的通知》第1条的规定，从三个标准方面对劳动关系进行考察。

这三条标准通过"用人单位""劳动行为""劳动者"三方面的考察来确定劳动者和用人单位之间是否存在劳动关系。如果劳动者与用人单位之间没有签订书面的劳动合同，但双方同时具备主体资格、存在从属性、劳动性质适格这三项标准，也可以认定存在劳动关系。

在新就业形态下，新就业形态下劳动者与平台企业往往签订的是电子版的格式合同，缺乏书面劳动合同。然而，在具体的司法实践中，劳动者与用人单位之间关系的认定仍然以"三项标准"作为判断依据。然而"三项标准"作为传统用工模式下规范的劳动关系的判定依据，已经不能完全适应新就业形态下的灵活就业模式，导致新就业形态下劳动者与平台企业之间的劳动关系认定较为困难。

新就业形态下，互联网平台企业的用工模式呈现出多样化的特点。劳动者与用人单位之间的关系较为复杂。

（一）新就业形态下劳动关系认定的实证考察

新就业形态下，劳动者与用人单位之间的劳动关系认定多集中在两种类型：第一类为劳动者与用人单位之间的法律关系界定纠纷，这种纠纷多以"劳动争议""劳动合同"的案由出现；第二类为涉及劳动者、用人单位、第三方的案件，这种纠纷多以"交通事故""赔偿责任"等案由出现。

本节主要以外卖平台和网约车平台劳动者为例，对劳动者与用人单位之间的劳动关系认定进行实证考察（见表 2-1 外卖骑手与用人单位纠纷案例）（见表 2-2 网约车司机与用人单位纠纷案例）。

表 2-1　外卖骑手与用人单位纠纷案例

案件名称	劳动关系认定	判决理由
马某英、马某莲等劳动争议案	不属于劳动关系	根据原劳动和社会保障部《关于确立劳动关系有关事项的通知》第 1 条的规定，马某英作为外卖骑手完成外卖派送任务后，即获得消费者在下单时与外卖商品费用一并支付的配送服务费用，多劳多得，与配送量挂钩，该情况与劳动关系中劳动者从用人单位结算劳动报酬获取工资的方式存在显著区别。因此，综合全案事实、证据来看，本案不完全符合确立劳动关系情形，难以认定梦妍公司与马某英之间成立劳动关系
徐某洲、固始县掌淘网络跑腿服务代购中心等劳动争议案	存在劳动关系	用人单位招聘劳动者，应当与之签订劳动合同，建立劳动关系，未签订劳动合同的，自用工之日起，视为双方劳动关系成立。原告受第三人指示、派单全天候全时段接单送单为其提供配送劳动，双方应签订劳动合同，建立劳动关系。第三人以代理、合作之名与原告签订《配送代理合作协议》，行规避法律之实，不

续表

案件名称	劳动关系认定	判决理由
		仅规避了法律责任，也逃避了企业的社会责任，更与国家鼓励扶持保障就业的政策相悖，并不符合社会主义核心价值观。被告虽登记为个体工商户，实属第三人设立的营业网点，充其量仅为内设机构，不具有用工主体资格与独立承担责任的条件和能力，其民事责任应由第三人履行和承担。依照《中华人民共和国劳动法》第16条第2款、《中华人民共和国劳动合同法》第7条、第10条第1款、第2款、第14条第3款、参照《最高人民法院关于审理劳动争议案件适用法律问题的解释（一）》第31条规定，判决如下：确认原告徐某洲与第三人河南万博达信息科技有限公司存在劳动关系
金某业与河南省老兵快跑商务信息咨询有限公司劳动争议案	不属于劳动关系	首先，被告老兵快跑公司提供的《劳务合同》中"金某业"签名虽非原告本人所签，但原告亦未提交证据证明双方之间签订有劳动合同；金某业通过美团APP向订餐者配送订单，按照老兵快跑公司的要求完成订单配送，老兵快跑公司向金某业结算劳务服务费用，双方为雇佣关系，不属于劳动关系。其次，金某业获得劳动报酬的多少取决于消费者通过美团软件平台下单后，金某业"抢单"获得订单费用。最后的劳动报酬在一定程度上取决于其是否"勤勉"，并不需要老兵快跑公司向其下达任务或派单，也就反映出双方之间不存在劳动法上的管理与

续表

案件名称	劳动关系认定	判决理由
		被管理的关系,即使存在一定程度的监管,也是基于行业规范管理的需要。故原告主张其与被告公司之间存在劳动关系,证据不足,法院不予支持
张某、刘某涛等与恩齐公司等劳动争议案	存在劳动关系	根据《劳动和社会保障部关于确立劳动关系有关事项的通知》第1条的规定,虽然张某与恩齐公司签订的是《个人劳务合同书》,但就主体适格性而言,张某和恩齐公司属于适格的劳动关系法律主体。就人身从属性而言,根据双方约定,张某在合同期内每日9：30至21：30,要做到随时接受恩齐公司分派的工作任务,是由恩齐公司直接招用的全日制骑手。就收入分配性而言,张某在双方约定的合同期限和工作时间内从事恩齐公司安排的工作,获得恩齐公司以月为单位按期支付的报酬。就业务相关性而言,张某的工作内容是完成恩齐公司以商业合作形式从美团承接的餐饮、包裹等配送业务,张某提供的劳动属于恩齐公司的业务组成部分,与恩齐公司的业务具有直接相关性。综上所述,张某在与恩齐公司约定的合同期限和工作时间内接受恩齐公司的管理,从事恩齐公司安排的与恩齐公司业务范围直接相关的工作,获得恩齐公司以月为单位按期支付的报酬,张某与恩齐公司之间劳动关系成立

续表

案件名称	劳动关系认定	判决理由
杨某、白城市小小黄人餐饮服务有限公司劳动争议案	不存在劳动关系	杨某与白城市小小黄人餐饮服务有限公司签订《劳务承包合同》及《承包任务确认书》,明确载明双方建立的是劳务关系;根据双方约定和实际履行情况看,杨某自备配送工具和交通工具,杨某可以自主决定是否接单及接单多少,且白城市小小黄人餐饮服务有限公司也不对杨某进行上下班考勤管理,杨某在工作时间及工作量上有一定的自主选择权,双方之间并不存在劳动合同法意义上的管理与被管理的关系,双方之间的人身从属性关系较低;杨某没有固定工资,杨某的劳动报酬是根据工作完成情况即完成的送餐单数结算,此情形与劳动关系中劳动报酬结算方式并不相同,双方之间财产从属性较弱。综上,该种用工模式并不符合法定的确认劳动关系成立的构成要件,故不能认定双方之间存在劳动关系
李某某与吉林省老兵餐饮管理有限公司劳动争议一审案	不存在劳动关系	本案中,老兵餐饮管理有限公司(以下简称老兵餐饮)系申请注册互联网平台,与美团网合作,发布送餐信息,另一方面,李某某等骑手,在老兵餐饮的平台注册成为骑手,通过老兵餐饮转发的美团网上的订餐信息,抢单后完成送餐任务。其结算方式为订餐人向美团网商家支付订餐费用,通过美团网结算,餐费一部分支付给商家,一部分归美团网。美团网与老兵餐饮再次通过结

续表

案件名称	劳动关系认定	判决理由
		算平台结算，按约定向老兵餐饮支付费用。老兵餐饮将骑手应得部分直接转给骑手。从用工关系来看，系新就业形势下发展起来的网络中介服务关系，李某某与老兵餐饮之间根据送餐情况存在费用结算关系，但没有形成隶属关系，李某某仅根据送餐情况领取佣金，没有固定工资薪酬，且是否接单由李某某自行决定，不受老兵餐饮的制约，并非接受老兵餐饮的指派完成送餐任务，不具有隶属性。故法院对李某某提出确认与老兵餐饮之间存在劳动关系的主张不予支持
李某某与吉林省老兵餐饮管理有限公司劳动争议二审案	存在劳动关系	老兵餐饮的业务范围包括用餐配送业务，通过与美团网合作，从事送餐业务，并通过美团网收取送餐费，作为公司的经营收入，并用以支付送餐员报酬。李某某在老兵餐饮的配送站从事送餐工作，受老兵餐饮的管理，遵守老兵餐饮的劳动纪律，并从老兵餐饮获取劳动报酬，双方的关系具备劳动关系的各项要素，应认定为双方存在事实劳动关系
吉林省老兵餐饮管理有限公司与李某某劳动争议再审审查案	存在劳动关系	1. 从老兵餐饮与上海三快科技有限公司签订的《配送站点合作协议》看，老兵餐饮是上海三快科技有限公司配送业务的合作商家。从老兵餐饮提供的《美团重庆路站奖罚制度》中关于考勤、着装、设备（电瓶）管理等规定看，老兵餐饮与其配送区域内的"骑手"之间存在明显

续表

案件名称	劳动关系认定	判决理由
		的管理与被管理关系，符合劳动关系的人身属性特征。《美团重庆路站奖罚制度》是否实际执行、执行的程度如何是老兵餐饮管理严格与否的问题，不能否定奖罚制度本身的人身属性。故老兵餐饮以未具体实施这些制度为由否定其与李某某之间的劳动关系，法院不予支持 2. 李某某从事配送工作，相应报酬由老兵餐饮支付，结合双方之间形成的管理与被管理关系，李某某从老兵餐饮获得的收入应当认定为劳动报酬。报酬的计算方式仅系商业运营中的工资管理模式，与判断双方是否构成劳动关系无关，老兵餐饮以"骑手"不是"每天工作满8小时，每月工作满21.75天"为由，主张李某某的收入不属于劳动报酬，法院不予支持 3. "骑手"的招聘与资格审核主体并非判断劳动关系的充要条件。本案李某某即便是通过美团网审核成为"骑手"，但实际用工主体为老兵餐饮。从《美团重庆路站奖罚制度》看，老兵餐饮与李某某之间具有明显的管理与被管理关系，关于老兵餐饮与李某某之间为合作关系的主张，法院不予支持。依照《中华人民共和国民事诉讼法》第204条第1款，《最高人民法院关于适用〈中华人民共和国民事诉讼法〉的解释》第395条第2款规定，裁定如下：驳回吉林省老兵餐饮管理有限公司的再审申请

表 2-2 网约车司机与用人单位纠纷案例

案件名称	劳动关系认定	判决理由
郭某冬与贵阳吾步数据服务有限公司劳动争议案	不属于劳动关系	根据《劳动和社会保障部关于确立劳动关系有关事项的通知》的相关规定，被告贵阳吾步数据服务有限公司为原告提供乘客乘车信息并且从乘客支付的乘车费中扣除信息服务费用。原告可自行掌握工作时间及是否接单，其劳动报酬亦非从被告贵阳吾步数据服务有限公司领取，故双方之间的关系不符合劳动关系的特征，不属于劳动关系
威海叮咚汽车服务有限公司与柳某升劳动争议案	存在劳动关系	本案中，柳某升在仲裁和一审时提交的《劳务合同》、在威海叮咚汽车服务有限公司（以下简称叮咚公司）社会保险账户下参加社会保险的证明、盖有叮咚公司印章的审批人为柳某升的维修单据、叮咚公司颁发给柳某升的荣誉证书、柳某升在叮咚公司从事会计工作的材料等证据相互印证，柳某升与叮咚公司之间存在劳动关系具有高度盖然性
张某与北京岚达商贸有限公司劳动争议案	存在劳动关系	本案中，原、被告双方均符合建立劳动关系的主体资格，原告张某使用岚达商贸有限公司提供的工具按照岚达商贸有限公司的安排从事有报酬的劳动，虽然车辆运营并非岚达商贸公司的经营范围，但这并不影响双方建立劳动关系，故双方存在劳动关系

续表

案件名称	劳动关系认定	判决理由
贺某冬、嵘雅达（天津）服务外包有限公司等劳动合同纠纷案	不存在劳动关系	原告与首约公司系车辆承租人与出租人关系，并非劳动关系，理由如下：第一，人格从属性方面。从双方签订的合同内容来看，首约公司义务是允许原告在合同期限内使用首约公司提供的车辆，原告的义务是向首约公司支付使用费，即承租金。因此，双方签订的合同本质上是租赁合同，并非劳动合同，在人格方面不存在从属关系。第二，经济从属性方面。首约公司不再向原告发放工资，原告的收入系自身劳动所得，即扣除承包费和劳动成本后归个人所有，自给自足，自负盈亏，且原告的社会保险也由自己缴纳，因此，原告在经济上不依赖首约公司，不存在原告提供劳动首约公司支付劳动报酬的对价关系。第三，组织从属性方面。原告驾驶车辆独立进行劳动，基本不受首约公司的管理、指挥和监督。原告对运输车辆进行必要的管理，并非基于隶属关系的劳动管理目的，而是由于网络预约出租行业向社会公众提供出行服务的公益属性以及安全营运的行业管理需要。原告的工作地点也可以根据劳动需要自行支配，工作时间相对自由，不受作息时间的限制

续表

案件名称	劳动关系认定	判决理由
徐某水、浙江外企德科人力资源服务有限公司、杭州优行科技有限公司等劳动争议案	存在劳动关系	劳动关系既有法律上的平等性，又有实现上的隶属性。平等性表现为劳动者向用人单位提供劳动，用人单位则向劳动者支付劳动报酬，双方之间形成等价有偿的关系。隶属性则要求劳动者必须服从用人单位的支配或管理，遵守用人单位的规章制度。对劳动关系的认定应考量以上等多重因素。就该案而言，首先，浙江外企德科人力资源服务有限公司（以下简称外企德科公司）与徐某水之间签订了《劳务服务协议》，该协议虽然名为《劳务服务协议》，但其具备了劳动合同的实质内容。其次，徐某水所提供的劳动内容与外企德科公司的业务相符，即徐某水向外企德科公司提供了劳动。再次，外企德科公司向徐某水支付了相应期间的报酬。最后，徐某水接受外企德科公司的工作安排及管理，并受相关规则的约束。故该院认定徐某水与外企德科公司之间存在劳动关系
蔡某与李某伟、滴滴出行科技有限公司、北京小桔科技有限公司、中国平安财产保险股份有限公司郴州中心支公司、中国人民财产保险股份有限公司郴州市分公司及	不存在劳动关系	关于被告滴滴出行科技有限公司、北京小桔科技有限公司是否应当承担赔偿责任的问题。网络拼车实际上是私人小客车合乘的一种形式，私人小客车合乘的产生有其合理性，从公共交通发展的角度来看，私人小客车合乘有助于缓解交通拥堵、减少城市污染，符合绿色、共享的发展理念，能更好地满足人民群众的出行需求，

新就业形态下劳动者劳动权益保护有效途径探究

续表

案件名称	劳动关系认定	判决理由
第三人谭某东机动车交通事故责任纠纷案		也是政府鼓励规范发展的行为。在顺风车订单形成过程中,滴滴平台只负责发布信息而不主动对车主进行派单,由车主自行匹配路线并接单,滴滴平台就匹配成功的订单收取一定的信息服务费。第三人谭浩东利用李某腾在滴滴平台打车软件的接单信息,并借用蔡某的车辆在营运过程中发生事故,所以,原告蔡某要求滴滴出行科技有限公司、北京小桔科技有限公司承担赔偿责任缺乏依据,法院不予支持

从以上案例可以看出,当外卖骑手、网约车司机等新就业形态下劳动者与用人单位之间产生劳动纠纷时,劳动者大多认为其与用人单位之间存在劳动关系。法院对劳动者提出的认定劳动关系的诉求,通常以《劳动和社会保障部关于确立劳动关系有关事项的通知》中涉及的条款作为判断依据。

如果新就业形态下劳动者与用人单位之间签订了劳动合同,则根据劳动合同上的具体条款来判断劳动者与用人单位之间的关系。如果双方并没有签订劳动合同,而是签订了劳务协议,则法院一般根据劳务协议条款来判断,如果所签订的劳务协议条款具备了劳动合同的实质内容,则法院一般判定双方之间存在劳动关系。

由于新就业形态下,劳动者与用人单位之间的从属性较弱。尤其是劳动者直接在互联网平台上注册或受第三方公司指派在互联网平台上通过接单而进行劳动,法院一般对劳动者与用人单位之间的劳动关系不予以认可。

甚至同一个案件，不同法院对劳动者与用人单位之间的劳动关系认定也不尽相同。一般而言，法院判决是否认定劳动关系的理由大体有三个，即新就业形态劳动时间灵活，可兼职可全职；工资报酬的领取方式是否为按月从平台企业领取或从用人单位处领取；双方签订的协议或合同。

从以上案例可以看出，现阶段，我国新就业形态下劳动者与用人单位之间劳动关系的认定依据主要为《劳动法》《劳动合同法》《劳动法实施条例》《关于确立劳动关系有关事项的通知》，等等。根据这些法律法规，劳动关系认定方式较为单一，除非劳动者与用人单位之间存在较强的隶属关系，否则很难认定双方之间的劳动关系。

(二) 新就业形态下劳动关系认定困难的原因

新就业形态下，劳动关系认定困难的原因主要包括两个方面。

1. 新就业形态下复杂的用工模式导致劳动关系认定困难

判断劳动关系的标志在于劳动者与用人单位之间是否存在依附性、从属性或隶属性。我国法律和司法实践中形成了从劳动者与用人单位之间的人格从属性、组织从属性和经济从属性三方面判断劳动关系的标准。

人格从属性是指劳动者受控制程度较高、自主程度较低而失去独立人格[1]，人格从属性强调用人单位对劳动者的控制与惩戒的权利。经济从属性则主要从劳动者对用人单位的经济依

---

[1] 谢增毅：《劳动法的改革与完善》，社会科学文献出版社2015年版，第3~4页。

赖性角度判断劳动者与用人单位之间的关系。组织从属性则是指劳动者被纳入雇主生产经营系统而成为其劳动组织成员，遵守雇主管理规则和监管。[1]

新就业形态下，平台企业从人力资源角度考虑，为减轻人力资本，采用灵活用工模式，节省人力成本，给予劳动者更大的自由。

以网约车用工模式为例，自2012年网约车模式出现后，经过十多年的快速发展，网约车用工已演化出多种模式（见图2-5 网约车用工模式示意图）。

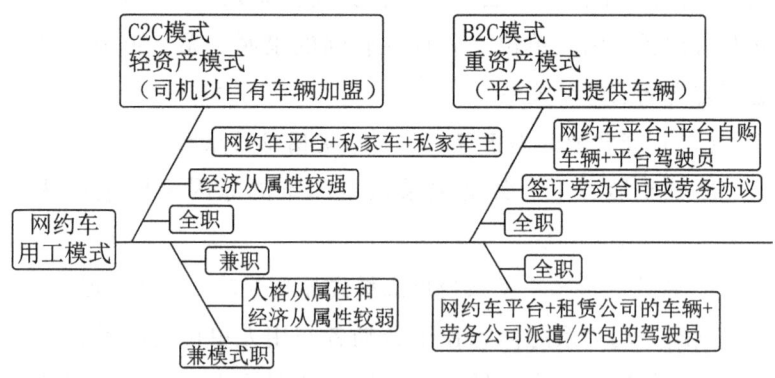

图2-5　网约车用工模式示意图

从图2-5可以看出，网约车用工模式中既存在从属性较弱的兼职模式，也存在从属性较强的全职模式；既有签订劳动合同或劳务协议的模式，也有直接在互联网平台上注册的模式。不同的网约车用工模式下，对劳动关系的认定标准也不相同。

---

[1] 王全兴、王茜：《对"网约工"劳动保护的探索》，载《工友》2019年第6期，第15～17页。

一般而言，兼职模式下，劳动者与平台企业之间的劳动关系认定率最低；B2C 模式下，劳动关系的认定率相对较高。

外卖平台用工模式较之网约车用工模式更加复杂。2021 年，北京致诚农民工法律援助与研究中心发布了《外卖平台用工模式法律研究报告》。该报告基于 1907 份有效的外卖平台案例判决对外卖平台用工模式的演变进行了详细分析。该报告指出，近 10 年来，外卖平台用工模式经历了复杂而快速的演变过程（见图 2-6 外卖平台用工模式及认劳率示意图）。在这一过程中，外卖平台骑手与各用工企业之间的劳动关系认定越来越困难。

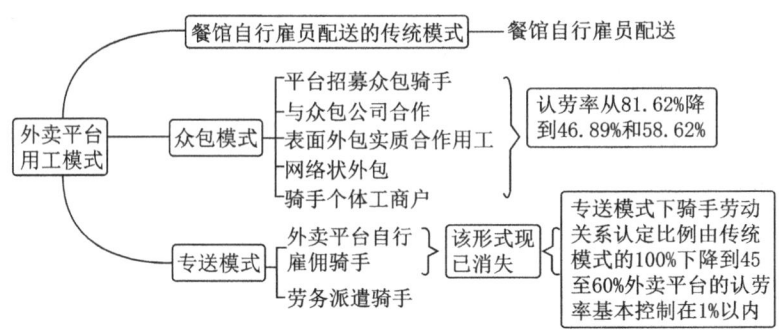

图 2-6　外卖平台用工模式及认劳率示意图

从图 2-6 可以看出，随着外卖用工模式的逐渐复杂化，劳动者与用人单位之间的劳动关系认定率越来越低。例如，众包模式下的骑手个体工商户模式，是以注册成为"个体工商户"的模式与用人单位签订合作协议，在这种用工模式下，骑手与用人单位之间的劳动关系认定率几乎为零。

平台用工模式极其复杂，在不同用工模式下，劳动者的性质不同，劳动者与用人单位之间的从属性关系强弱不同，导致司法实践对劳动关系认定的结果也不尽相同。

2. 新就业形态下相关法律法规的不明确导致劳动关系认定困难

在新就业形态下,劳动者与平台企业往往签订的是电子版的格式合同,缺乏书面劳动合同。但在司法实践中,仍以《关于确立劳动关系有关事项的通知》中的"三项标准"来判断是否存在劳动关系。而"三项标准"作为传统用工模式下规范的劳动关系的判定依据,已经不能完全适应新就业形态的灵活就业模式,因此导致新就业形态下劳动者与企业之间的劳动关系认定较为困难。近年来,随着新就业形态的快速发展,我国有关部门和地方政府相关部门为了适应新就业形态的发展,而出台了许多法律法规。这些法律法规大多是对原法律法规在具体实践中的细化。

以网约车司机为例。对于劳动关系认定方面,广州市政府作出了进一步的规定,将网约车司机分为两类:第一类是劳动者没有与其他用人单位签订劳动合同的类型,主张双方应当签订劳动合同;第二类是劳动者已经同其他单位签订劳动合同的类型,双方可以合意签订劳动合同或者其他协议。

然而,我国其他地方政府的规章制度中则较少涉及新就业形态劳动关系和劳动合同的问题。这一点也是导致新就业形态下,劳动者与用人单位之间劳动关系认定困难的原因之一。

二、劳动者各项劳动权益的法律保护

新就业形态下,劳动者的工作性质大多属于灵活用工,据有关部门统计,2022年初,我国新就业形态下劳动者人数约达到2亿人,占全国总人口的比例达到1/7。随着新就业形态下劳动者数量的增长，新就业形态下劳动者的权益保护日益引发社会关注。

根据我国现行法律的相关规定，劳动者权益只有在确认双方劳动关系的基础上才接受法律保护。然而，在现实司法实践中，新就业形态下劳动者的劳动关系呈现出认定率不高的特点。对此，我国有关部门出台了一系列政策和方针，为完善和健全新就业形态下，劳动者的各项合法权益的落实提供了法律依据（见表 2-3 新就业形态下劳动者权益保护相关政策一览表）。

表 2-3　新就业形态下劳动者权益保护相关政策一览表

年份	部门/地区	政策名称	主要内容
2016	交通运输部、工业和信息化部等七部门	《网络预约出租汽车经营服务管理暂行办法》	网约车平台公司……按照有关法律法规规定，根据工作时长、服务频次等特点，与驾驶员签订多种形式的劳动合同或者协议，明确双方的权利和义务。
2021	人力资源和社会保障部等八部门	《关于维护新就业形态劳动者劳动保障权益的指导意见》	对新职业人群的劳动关系、劳动收入、劳动环境安全、社保制度、反馈机制等多个焦点问题进行了规定。
2021	交通运输部等七部门	《关于做好快递员群体合法权益保障工作的意见》	对快递员群体的薪酬、社保等权益的落实提出了指导意见。
2021	市场监管总局等七部门	《关于落实网络餐饮平台责任切实维护外卖送餐员权益的指导意见》	完善社会保障方面，督促平台及第三方合作单位为建立劳动关系的外卖送餐员参加社会保险，支持其他外卖送餐员参加社会保险，按照国家规定参加平

续表

年份	部门/地区	政策名称	主要内容
			台灵活就业人员职业伤害保障试点。鼓励探索提供多样化商业保险保障方案，提高多层次保障水平。
2021	交通运输部联合中宣部等八部门	《关于加强交通运输新业态从业人员权益保障工作的意见》	在涉及平台利益分配及涉及劳动者切身利益的劳动报酬、劳动强度等事项时，强调工会组织、行业协会应与平台企业协商，探索建立一套劳动者与平台企业间的平等协商机制。
2020	广州	《关于单位从业的超过法定退休年龄劳动者等特定人员参加工伤保险的办法（试行）》	新业态从业人员通过互联网平台注册并接单，提供网约车、外卖或者快递等劳务的，其所在平台企业可参照本办法自愿为未建立劳动关系的新业态从业人员单项参加工伤保险、缴纳工伤保险费，其参保人员参照本办法的规定享受工伤保险待遇。
2021	北京	《关于促进新就业形态发展的若干措施》	稳定长期在京实际就业的"平台网约劳动者"和"平台个人灵活就业人员"，可以按规定参加本市职工基本养老保险、基本医疗保险和失业保险，也可以选择在户籍地参加社会保险。
2021	北京	《关于促进新就业形态健康发展的若干措施》	引导新就业形态下劳动者参与"全民参保计划"，并以出行、外卖、即时配送、

续表

年份	部门/地区	政策名称	主要内容
			同城货运等行业的平台企业为重点，建立职业伤害保障制度，保障遭受职业伤害的"平台网约劳动者"获得医疗救治和经济补偿。同时鼓励平台为劳动者购买人身意外保险、雇主责任保险等商业保险，提高新就业形态下劳动者的劳动权益保障水平。
2021	南京	《关于规范新就业形态下餐饮网约配送员劳动用工的指导意见（试行）》	其中对外卖骑手的劳动报酬、休息休假、职业安全保障等权益的落实给出了指导性意见。
2021	中山	《中山市人力资源和社会保障局支持多渠道灵活就业专项行动方案》	持续推进灵活就业人员在就业地参加职工养老保险、医疗保险，积极推动符合条件的新业态灵活就业人员单项参加工伤保险工作，做到应保尽保。按照社保部门统一部署，完善新就业形态下劳动者权益保障工作机制。
2022	上海	《关于做好本市快递员群体合法权益保障工作的实施意见》	加大处置欠薪力度等措施保障快递员合理劳动报酬。注重探索建立更灵活便捷的社保经办模式，提高快递员社会保险水平。

第三章

劳动者平等就业权及其保护途径探索

第一节 劳动者平等就业权的基本理论及法律规定

我国《宪法》规定,公民在法律面前一律平等。劳动者的平等就业权是我国《宪法》赋予的神圣权利。本节主要对劳动者平等就业权的相关理论和法律规定进行分析。

一、劳动者平等就业权的概念、构成

劳动者平等就业权是劳动者享有的基本权利,也是劳动者享有其他各项权利的基础。劳动者平等就业权概念包括三层含义。其一,任何劳动者,不分民族、种族、性别、年龄等各个方面,均享有平等就业的权利和资格。其二,在市场竞争机制下,任何劳动者均可公平参加市场竞争,选择未来的就业出路。其三,平等不等于同等,在现实就业环境中,应对特殊就业群体,例如妇女就业群体、未成年人就业群体、残疾人就业群体等进行特别关注。

第三章 劳动者平等就业权及其保护途径探索

（一）劳动者平等就业权的构成

劳动者平等就业权的构成可以划分为平等就业权的主体、客体和内容三个方面。

1. 平等就业权的主体

平等就业权的主体包括劳动者、用人单位和国家。劳动者是平等就业权的权利主体，根据我国《关于落实再就业政策考核指标几个具体问题的函》的规定，我国就业人员的法定年龄是指16周岁以上、退休年龄以下的、从事社会经济活动并获得收入的人员。根据这一法律规定，我国就业人员可被划分为两种类型，正在寻找具有报酬的工作的劳动者以及正在从事具有报酬的工作的劳动者。

根据劳动者不同特性，劳动者还可被划分为未成年就业者、妇女劳动者、农民工、残疾就业者等，其所从事的工作既可以具有商业性质，也可以不具有商业性质。除了劳动者之外，用人单位或国家则属于履行劳动者平等就业权的义务主体。用人单位和国家作为雇佣劳动者的一方，肩负着为劳动者提供平等劳动机会和平等工作机会的义务。

国家还肩负着为促进劳动者平等就业而进行制度保障、公共政策保障，以及当劳动者的平等就业权遭受损害时为劳动者提供救济的义务。

2. 平等就业权的客体

劳动者平等就业权的客体是指劳动者平等就业权的权利主体，即劳动者。义务主体的行为即用人单位和国家，就就业机会的平等获得和维持而进行的行为。

3. 平等就业权的内容

平等就业权的内容包括劳动者获得平等就业机会的权利，

以及劳动者享有就业非歧视的权利。平等就业机会的权利是指劳动者在应聘某一职位时应当具有平等机会，而不能因为劳动者的学历、年龄等而受到不公平对待。非歧视的权利，则是指劳动者在就业时，不会由于民族、种族、性别、年龄、身高、文化、信仰、地域等与工作能力无关的理由而受到排斥或区别对待。

（二）平等就业权的制约条件

劳动者平等就业权的实现受客观条件和主观条件的制约。

1. 制约平等就业权的客观条件

制约劳动者平等就业权实现的客观条件主要体现在三个方面。

其一，社会经济发展的状况和水平。社会经济发展的状况和水平是制约劳动者平等就业权实现的客观条件。劳动者的平等就业权是伴随着工业社会的到来和城市化的发展而逐渐形成的。当社会经济和城市现代化发展到一定程度后，社会上绝大多数人普遍以就业作为生存的手段，平等就业权自然也成为最受劳动者关注的焦点之一。而社会经济发展水平的高低则是决定劳动者平等就业权能否实现的重要因素。当社会经济发展水平较高时，社会上各种就业机会越多，越有利于劳动者平等就业权的实现。相反，当社会经济发展水平较低时，社会上存在的就业机会较少，劳动者平等就业权的落实和保障则相对困难。

其二，相关法律制度建设水平。劳动者平等就业权的实现需要相关法律制度的保护。一般而言，劳动者的平等就业权保障涉及各个用人单位，而法律法规则具有规范用人单位行为的重要作用。只有不断健全和完善相关的法律法规制度，对违背

第三章　劳动者平等就业权及其保护途径探索

劳动者平等就业权的相关行为进行严厉处罚，才能保障劳动者平等就业权的实现。否则，如果相关法律制度不健全，那么，即使我国《宪法》中明确公民享有劳动权和平等权，但是由于在社会实践中缺乏必要的法律法规支持，劳动者平等就业权的权益也难以实现。

其三，权利关系之间的冲突。劳动者享有平等就业权的基本权利，而用人单位依照法律法规也享有用人自主权。在现实劳动权益保障中，常出现用人单位为了保障自身的用人自主权而侵害劳动者平等就业权的现象。因此，在用人单位和劳动者的权益博弈中，能否有效处理劳动者平等就业权与用人单位用人自主权之间的冲突，是影响劳动者平等就业权落实的重要客观因素。

2. 制约平等就业权的主观条件

除了客观条件之外，劳动者平等就业权的实现还受到主观条件的制约。影响劳动者平等就业权实现的主观条件主要体现在两个方面。

其一，权利主体的主观条件。劳动者的平等就业权受我国法律法规的保护，然而，由于市场经济条件下，不同就业主体的体力、智力、身体特征，以及工作能力等均不尽相同，不同用人单位的用人标准和规则也不尽相同。因此，在具体的劳动场景中易出现劳动者获得和维持就业机会不平等的现象。针对这种现象，单纯依靠法律法规制度的完善并不能完全消除问题，从而影响劳动者平等就业权的落实。

其二，社会文化和价值观念。社会文化和价值观念对社会的发展与演变起着至关重要的作用，社会文化和价值观念受社会经济政策、文化政策等方面的影响较大，呈现出一定的主观性特点。不同国家之间，或同一国家的不同历史时期，社会文化和价值观念不尽相同，对劳动者平等就业权的保障和落实起着重要影响。

二、平等就业权的实现途径

劳动者平等就业权的保障和落实需要立法、执法和司法的不断完善，建立起一整套较为完备的权利保障和实现机制。具体来说，劳动者平等就业权的实现，需要从以下三种途径着手。

（一）不断完善立法以保障劳动者平等就业权的实现

劳动者平等就业权的保障和落实需要从各个层面不断完善立法保护。

1. 完善劳动者平等就业权在《宪法》层面的保护

宪法是一个国家的根本大法。平等就业权作为劳动者的一项基本人权，只有受到《宪法》的有效保障，才能构建整个社会法制层面的权利保障基础。

我国《宪法》中明确了平等权是每个公民均享有的基本权利。然而，在现实劳动关系中，对劳动者平等就业权的保障和落实还受到多种主客观因素的影响，因此，我国《宪法》中平等权的相关内容还有待进一步完善和充实，确保劳动者平等保护原则的实现，更好地为劳动者的平等就业权提供宪法依据。

2. 完善劳动者平等就业权在《劳动法》层面的保护

我国《劳动法》等一系列法律法规中明确了劳动者享有平等就业权。然而，由于近年来，我国社会经济快速发展，随着新经济体的出现，劳动者的就业形式和就业岗位变化较大，因此，我国《劳动法》的适用范围和保护范围应适当扩大，覆盖各种新就业形态下劳动者,包括未与用人单位签订正式劳动合同,确定标准劳动关系的劳动者,避免新就业形态中出现的各种就业歧视。除此之外,还应进一步完善我国的《就业促进法》等一系列法律法规中平等就业权的相关内容,厘清用人单位和劳动者之间的权利界限,更好地保障劳动者平等就业权的落实。

3. 完善劳动者平等就业权在反就业歧视层面的保护

保障劳动者平等就业权的落实,必须反对社会上存在的各种就业歧视。而反对就业歧视则需要以相关法律法规制度作为依据。现阶段,我国并未出台专门的反就业歧视法,而是在《劳动法》《就业促进法》等法律法规中规定了反就业歧视的内容。这种立法模式不利于就业歧视概念的统一,也不利于就业歧视机制的规范,还易出现不同法律法规内容上的不协调,甚至冲突。

由于现实劳动关系中,劳动者与用人单位的实际关系较为复杂,易出现各种就业歧视行为。现阶段,一些国家已出台了专门的反就业歧视法,形成了层次化、立体化的法律体系。因此,我国可以借鉴其他国家的有益经验,出台适合我国国情的、专门的反就业歧视法,以明确就业歧视的概念、法律适用范围,以及法律救济机制,更好地杜绝社会上存在的各种歧视劳动者的行为,确保劳动者平等就业权的保障和落实。

(二)不断推动平等就业权的落实和保护

除了进一步完善立法之外,我国劳动者平等就业权的保障和落实还需要政府有关部门建立起与法律法规相匹配的行政保障机制。

1. 不断完善对劳动者就业歧视现象的劳动监察机制

劳动者平等就业权的落实除了需要立法部门建立完善的相

关法律制度之外，还需要劳动监察部门对用人单位的日常用人行为进行监察，以确保劳动者各项权益的有效落实。

本书所指的"劳动监察"是指立法语境下相应的政府行政机关对劳动者就业权的执法保障。现阶段，我国《就业促进法》中明确规定了政府劳动行政部门具有对用人单位和劳动者权利与义务落实的监督检查职责。然而，我国《劳动保障监察条例》中却没有明确将用人单位的反就业歧视行为列为日常监督检查事项。这就使得我国政府劳动行政部门在对用人单位就业歧视行为的监督中，缺少相关监督检查机制。

现阶段，进一步完善劳动者就业歧视现象的劳动监察机制可从两方面着手。

一方面，明确劳动监察法律法规对就业歧视的监察范围。明确我国政府劳动监察部门在反就业歧视中的职责，建立有效的劳动执法综合监察系统，以对用人单位落实劳动者平等就业权的行为进行有效监察。此外，还可设立专门的劳动监察机构，并在全国各个区域设立相应的分支机构，以实现我国劳动监察管理的体系化，确保劳动监察执法机构的独立性和垂直性。除此之外，为了保障劳动者平等就业权益的落实，还应允许妇联、工会等社会力量参与劳动监察工作，以协助政府劳动监察部门做好劳动者劳动权益落实情况的监察工作。

另一方面，建立劳动监察部门在反就业歧视方面对失职行为的追责机制。劳动者的平等就业权作为一项受《劳动法》等法律法规保障的正当权益，为了确保劳动者平等就业权的落实，提高劳动监察部门的工作积极性，应建立劳动监察部门在反就业歧视方面失职行为的追责机制，以确保反就业歧视工作的高效性，确保劳动者平等就业权益的落实。

2. 不断强化政府机关在保障劳动者平等就业权过程中的示范作用

政府机关作为劳动者平等就业权的主体之一，在落实劳动者平等就业权方面应起到表率作用。一方面，政府机关在公务员招录过程中应坚持落实劳动者的平等就业权。政府机关需要招录大量公务员以充实政府部门人手，而全国各地各级公务员招录过程中，应严格遵循我国《劳动法》等有关法律法规，坚决禁止出现各种就业歧视行为。尤其是对劳动者的学历歧视、地域歧视等，以确保在公务员招录过程中严格落实劳动者平等就业权。另一方面，政府部门应加强反就业歧视教育。政府机关和劳动行政部门，应在招聘过程中，加强对劳动者平等就业权的宣传，开展各种反对就业歧视行为的教育，以促进劳动者丰富平等就业权等方面的知识，了解我国劳动者平等就业权法律保障制度，不断提高劳动者的维权意识和维权能力。

（三）完善劳动者平等就业权司法救济机制

劳动者平等就业权的保障和落实过程中，还应完善劳动者平等就业权的司法救济机制。

1. 不断拓展劳动者平等就业权诉讼的主体范围

为了确保劳动者平等就业权落实到位，针对现实中的就业歧视纠纷，我国现阶段已建立了相关司法救济机制。然而，现实中仍然存在一些用人单位在招聘等环节中存在就业歧视行为的现象。针对这些现象，我国相关法律法规应适当拓宽"劳动者"这一概念的范畴，将应聘者纳入"劳动者"的法律范畴。从而使劳动者以及政府劳动监察机构更加重视对用人单位招聘过程中劳动者平等就业权的保障。而当劳动者在应聘过程中发现用人单位存在侵犯劳动者平等就业权的行为时，即可通过诉讼的方式维护自身的平等就业权。

2. 不断完善劳动者平等就业权的侵权法律责任规定和司法保障机制

保障和落实劳动者平等就业权的司法救济机制的建立，还应不断完善法律救济途径。例如，明确劳动者平等就业权纠纷属于哪类诉讼，以便权益受到侵害的劳动者向有关部门寻求法律救济。又如，通过融合区域内的法律援助资源，加强各地的法律援助力度，从而保障弱势群体在遭遇劳动权益侵犯时能够获得足够的法律援助支持。

综上所述，劳动者平等就业权的保障需要政府有关部门从立法、执法，以及司法救济三个方面着手，更好地推动劳动者平等就业权的落实。

第二节 新就业形态下劳动者平等就业权保障研究

新就业形态下，对劳动者平等就业权的保障面临着较大机遇与挑战。一方面，新就业形态的快速发展，极大地提高了社会就业率，吸纳了各种社会闲散人员就业，从客观上推动了劳动者平等就业权的落实；另一方面，新就业形态下用人单位侵犯劳动者平等就业权的行为更加隐蔽，使得新就业形态下劳动者平等就业权的落实存在较大挑战。本节主要对新就业形态下劳动者平等就业权的机遇与挑战，以及保障现状进行分析。

一、新就业形态下劳动者平等就业权面临的机遇与挑战

（一）新就业形态下劳动者平等就业权面临的新机遇

新就业形态下，劳动者平等就业权面临的新机遇主要表现

在以下几个方面。

1. 新就业形态下工作场所的多样化为劳动者平等就业权的落实提供了新的机遇

传统就业形态下,劳动者大多只能在用人单位提供的工作场所内进行固定时间的工作,以完成用人单位指定的相关工作量。而新就业形态下,劳动者大多不必拘泥于用人单位提供的固定场所,而是可以在用人单位划定的范围内进行工作,例如,外卖骑手、网约车司机等类型的劳动者可以在平台系统允许的范围内进行工作,而较少受到平台企业的限制。此外,一些劳动者在用人单位允许的情况下,还可以在家进行工作。例如,以信息通信技术作为基础的远程工作者等。

新就业形态下,劳动者工作场所的多样化使得农村或城市妇女能够获得更多的工作机会,从而为确保劳动者平等就业权的落实奠定了重要基础。以农村或城市家庭主妇为例,由于传统工作形态下,劳动者需要在用人单位提供的固定场所工作,而一些需要随时照顾家庭的主妇,往往由于无法离开家庭所在地,因此无法获得工作岗位。

新就业形态下,许多工作取消了对劳动者工作场所的硬性要求,使得家庭主妇可以借助家庭电脑设备和远程网络设备,足不出户即可完成用人单位布置的相关工作,极大地促进了家庭主妇等人群的平等就业权的保障与落实。例如,从事威客、网络主播等工作的劳动者皆能够在家中工作,这些工作对从业者的年龄、性别等方面的限制较小,较好地扩大了劳动者的就业范围,促进了劳动者平等就业权的落实。

2. 新就业形态门槛较低为劳动者平等就业权的落实提供了新的机遇

传统就业形态大多以专业技能作为劳动者的考核标准，如果劳动者不具备相应的专业技能，则不能从事该岗位工作。而在新就业形态下，许多劳动岗位的门槛较低，对劳动者专业技能要求较少，不存在对劳动者的户籍、年龄、学历、性别、地域等各方面的要求，这为劳动者平等就业权的落实和保障提供了良好的机遇。

以外卖骑手为例。外卖骑手作为新就业形态下的劳动形式之一，对劳动者的职业技能要求较低，只要具备基本的电动车驾驶技能，以及使用手机上网的技能即可从事该工作。因此，吸引了大量来自农村的劳动者，以及城市闲散工作人员，此外，外卖队伍中还存在妇女劳动者和年龄较大的劳动者。

又如网约车司机。网约车司机要求具有汽车驾驶证和汽车驾驶技能，以及上网技能，只要具备以上技能条件的劳动者，理论上皆能够从事网约车司机的工作，有效促进了劳动者平等就业权的落实。

(二) 新就业形态下劳动者平等就业权面临的新挑战

新就业形态下，劳动者平等就业权在面临新机遇的同时，也面临着一系列新的挑战，主要表现在劳动者歧视行为的隐蔽性等方面。

1. 平台企业算法中存在的就业歧视

新就业形态以互联网信息技术、大数据技术等作为基础，以共享经济作为依托，主要通过利用平台算法向劳动者进行派单的形式进行工作。然而，算法技术的运用，使得劳动者与用人单位的劳动地位存在实质不平等，并导致劳动者的平等就业

第三章　劳动者平等就业权及其保护途径探索

权极易被用人单位隐蔽性歧视。

新就业形态下，互联网平台企业通过借助大数据信息技术等先进技术对劳动者个人数据进行收集与处理，从而形成特定的算法雇佣策略。劳动者在被互联网平台企业雇佣前，必须先在该劳动平台注册，并填写个人信息，回答平台设置的各种问题，描述劳动者对期望就业岗位的需求。

劳动平台接收到劳动者的信息和服务需求后，往往会对劳动者的个人信息和行为数据进行分析，预测劳动者的工作能力、业务表现、发展潜力、需求偏好，并据此画像将劳动者与劳动任务相匹配，从而使劳动者参与劳动，获得报酬。然而，劳动平台算法决策易出现"一刀切"的劳动者选取标准，从而将具有特殊特征的劳动者排除在外。例如，许多互联网平台企业均将"无犯罪记录"作为劳动者选取的重要条件之一，因此将具有前科的劳动者排除在外。尽管平台企业的这种设置是出于对客户安全的需要，然而从法律的公正性方面来看，这在一定程度上存在侵犯部分劳动者平等就业权的现象。

新就业形态下互联网平台的算法具有非中立性的特点。新就业形态下，算法并非价值中立、静态的技术存在，而是包含着用人单位的价值判断与行为选择，在客观上存在平台企业对劳动者进行权益侵犯的可能性。尽管互联网平台企业的算法看似中立，实际上企业可自行设置个性化的劳动者筛选标准或指标。例如，如果企业在算法中将劳动者的"健康风险"作为重要参数，那么智能算法借助劳动者的饮食以及睡眠方面的特点，即可推算出劳动者的健康状况。又如，如果平台企业将"年龄"作为对劳动者的评判标准。平台系统只收集中青年劳动者的劳动量，用以制定劳动标准，那么该标准对年龄较大的劳动者较不公平，年龄较大的劳动者易受到算法的歧视，从而影响劳动者平等就业权的保障和落实。

2. 新就业形态下，特殊限制的隐蔽性就业歧视行为

除了算法歧视之外，在新就业形态下还存在一些独特的就业歧视行为。

以网约车司机为例。近年来，随着网约车领域的崛起和快速发展，越来越多资本进入网约车领域。有关部门和各地地方政府为了加强对网约车司机的管理，出台了一系列规章制度。例如，2016年11月1日，国家交通运输部等七部委联合颁布了《网络预约出租汽车经营服务管理暂行办法》，该法规颁布施行后不久，各地方政府纷纷据此出台了地方性法律法规、《网约车实施管理细则》等规章制度，作为网约车司机管理的基本制度。

2016年交通运输部等部委联合出台的《网络预约出租汽车经营服务管理暂行办法》并未涉及对网约车司机户籍的限制。然而，在北京、深圳、杭州等地方政府制定的《网约车实施管理细则》则对网约车司机的户籍进行了限制。例如，2018年，杭州市发布的《杭州市网络预约出租汽车经营服务管理实施细则》中明确规定，在杭州市从事网约车经营服务的驾驶员，除了取得杭州市道路运输管理机构核发的客运出租汽车从业资格证外，还应具有杭州市户籍，或持有本市核发的浙江省居住证，或在本市已办理居住登记，或在本市已办理身份信息登记，且无交通肇事犯罪记录、危险驾驶犯罪记录、无吸毒记录、无饮酒后驾驶记录、无暴力犯罪记录。

2019年，深圳市有关部门颁布了新版网约车管理办法——《深圳市网络预约出租汽车经营服务管理暂行办法》，其中明确指出网约车司机需具有本市户籍或持有有效的《深圳经济特区

居住证》,且无交通肇事犯罪记录、危险驾驶犯罪记录、无吸毒记录、无饮酒后驾驶记录、无暴力犯罪记录等。

各地方政府对网约车司机的户籍以及各种犯罪记录方面的限制,有利于对网约车司机的管理,提高网约车领域的安全性。然而从对劳动者平等就业权益保障与落实的视角来看,各地方政府对网约车司机户籍等方面的限制,不利于新就业形态下,劳动者平等就业权的保障与落实。

北京市交通委员会在回应对网约车司机户籍限制时指出,网约车司机户籍限定为北京籍是出于四个方面原因的考虑,即北京四个中心功能定位的发展要求,治理"城市病",疏解非首都功能的要求,治理交通拥堵的要求,以及政策法规的要求。然而,这四个因素与网约车司机户籍之间并不存在制约关系。然而,由于近年来,我国流动人口的规模越来越大,许多一线城市或二三线城市中存在大量非本地户籍的私家车主。北京作为我国一线城市的代表,常住人口中包括大量外来人口,而这些外来人口中也存在大量拥有私家车且倾向于选择网约车司机作为职业的人群。然而在北京市网约车管理的相关政策下,非北京户籍、北京车牌的劳动者不能从事网约车工作。诸多劳动者面临网约车上牌难,不能够在当地从事网约车司机的职务的尴尬状况,从这部分劳动者的视角来看,这些政策不利于该部分劳动者劳动平等权的保障与落实。

二、新就业形态下劳动者平等就业权落实现状

新就业形态下劳动者平等就业权的落实情况相对较好,具体体现在以下几个方面。

(一)新就业形态下劳动者年龄跨度较大

新就业形态对劳动者的年龄要求较低,只要劳动者具备一定的上网知识,能够快速识别互联网平台订单,并按照系统要求完成订单,获得客户的认可即可。由此可见,大多数新就业形态对劳动者的年龄没有具体要求。根据近年来对新就业形态下劳动者年龄的调查可以看出,新就业形态下,劳动者的年龄跨度较大。

以网约车司机为例。例如2020年,曹操出行大数据研究院发布的《2020年网约车司机群像分析报告》中指出,在曹操出行平台上,网约车司机的年龄跨度从18周岁到45周岁以上。其中,18周岁至30周岁年龄段的网约车司机占比最少,仅为19.19%;31周岁至45周岁年龄段的网约车司机占比最多,占比高达59.22%;除此之外,45岁以上年龄段的网约车司机占比率达21.59%(见图3-1 2020年曹操出行网约车司机年龄分析)。

图3-1 2020年曹操出行网约车司机年龄分析

从2020年曹操出行网约车司机年龄统计中可以看出,曹操出行网约车司机中的绝大部分为年富力强的司机，然而，45周岁以上年龄段的司机占比高达1/5以上，有力地推动了各个年龄段劳动者的就业。除了曹操出行之外，其他网约车平台上的网约车司机的年龄跨度也相对较大。

我国各地出台的《网络预约出租汽车经营服务管理暂行办法》中对网约车司机的年龄进行了规定。例如，2019年，昆明市发布的《昆明市网络预约出租汽车经营服务管理暂行办法》将网约车司机的年龄放宽至65周岁，且不论男女网约车司机，只要未达到65周岁，均可从事网约车司机的职业。

除昆明以外，其他各个地区对网约车司机最高年龄的限制不尽相同，大多数地区将网约车司机的最高年龄限制为60周岁。由于我国法定退休年龄为65周岁。我国昆明市等地网约车司机年龄的最高上限为65周岁，有利于身体健康且具有驾驶技能的年龄较大的劳动者就业。从这一方面来看，新就业形态下劳动者中各个年龄阶段的劳动者平等就业权能够得到较好的保障。

又如，根据2020年新京报智库的调查显示，外卖骑手的年龄段大约集中在18周岁至40周岁，其中，20周岁至30周岁年龄段的外卖骑手占比最多为45.26%；30周岁至40周岁年龄段的外卖骑手占比为35.57%；由此可见，20周岁至40周岁年龄段的外卖骑手占了绝大部分。20周岁以下的外卖骑手占比仅为6.23%；40周岁以上的外卖骑手占比为12.94%（见图3-2外卖骑手年龄段分布示意图）。

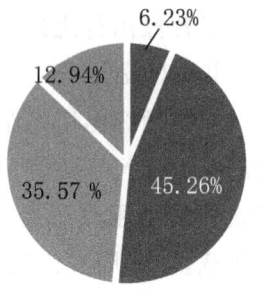

图3-2 外卖骑手年龄段分布示意图

从外卖骑手招募平台的相关要求来看,大多数外卖平台企业将外卖骑手的招募年龄段设置为18周岁至50周岁,个别地区的平台企业对外卖骑手的招募年龄上限可达55周岁。

外卖骑手由于需要长时间骑行电动车在复杂喧闹的市区行走,因此这一职业面临着交通安全问题、工作强度大、任务重以及消费者态度不一等相关因素的挑战,从事外卖骑手工作的劳动者年龄跨度与网约车司机年龄跨度相比,相对较小。尽管如此,外卖骑手等职业在一定程度上满足了大龄劳动者劳动平等权的落实。

(二)新就业形态下女性劳动者占比增多

新就业形态由于工作时间自由度、灵活度较高,因此吸引了大量女性劳动者。

以外卖骑手为例。根据新京报智库发布的《2020年外卖骑手职业报告》显示,1046份调查问卷显示外卖骑手中有87%为男性,13%为女性。根据这一数据统计,每10位外卖骑手中至少有一位女骑手。除了外卖骑手之外,妇女劳动者还可以选择成为网约车司机或在家办公，利用一技之长成为远程工作者，等等。由于新就业形态下，妇女劳动者既可以实现重回职场的目标，又能够拥有灵活的时间照顾家庭，因此极大地提升了妇女劳动者的劳动积极性，有利于落实妇女劳动者的平等就业权。

（三）新就业形态岗位吸收社会闲散人员的比重较大

新就业形态属于灵活就业岗位，能够吸纳大量社会闲散人员。

以外卖骑手为例。根据新京报智库发布的《2020年外卖骑手职业报告》显示，外卖骑手的上一份工作大多为餐饮从业人员、个体工商户、工厂工人、快递员、配送员、临时工、保安等。由此可见，外卖骑手作为新就业形态的一种，对劳动者技能的要求相对较低，因此，吸引了大量来自各个传统行业的劳动者加入。从这一点来看，以外卖骑手为代表的新就业形态具有为社会人员提供更多就业机会的特点。从劳动者就业视角来看，有利于确保劳动者平等就业权的实现。

综上所述，新就业形态有利于劳动者平等就业权的实现，然而，这并不能忽视新就业形态下存在的劳动者平等就业权被隐蔽性侵犯的现象。

我们应当认识到，人工智能等新兴技术为算法发展装上了加速器，使其不同于传统的工业而具有超强竞争力，但是技术在为算法发展助力的同时也给传统的平等权法律保护模式带来了难题。主要问题来源于这种新兴的科技专业性极强，立法机关和司法机关都难以把握算法的内部运行规律和可能带来的风险。因此，在立法方面，法律的滞后性将变得更加突出。在司法方面，面对算法歧视案件，法官因为不懂专业知识可能会对算法采取保守的态度，不会介入算法内部的运作中探索其是否构成歧视。

针对新就业形态下劳动者权益受到隐性侵犯以及维权难的现状，我国有关部门应当进一步完善相关法律法规，确保劳动者平等就业权的落实。

第三节　新就业形态下劳动者平等就业权保护途径探析

新就业形态下，劳动者平等就业权的保障面临着新的机遇与挑战，针对这种状况，新就业形态下，落实劳动者平等就业权的保障应从以下途径着手。

一、将平台算法下的隐蔽性歧视纳入立法范畴

2021年，人力资源和社会保障部等八部门发布的《关于维护新就业形态劳动者劳动保障权益的指导意见》中重点对劳动者平等就业权的落实进行了明确规定。其中指出："落实公平就业制度，消除就业歧视。企业招用劳动者不得违法设置性别、民族、年龄等歧视性条件，不得以缴纳保证金、押金或者其他名义向劳动者收取财物，不得违法限制劳动者在多平台就业。"这一规定为我国新就业形态下劳动者平等就业权的落实提供了重要的法律依据。

新就业形态下，平台企业以算法作为核心。平台算法以云计算、大数据、人工智能等作为技术背景，具有较大的复杂性。由于新就业形态面向社会全部劳动者，劳动者的年龄跨度较大，一般不限性别，不限学历，只要劳动者能够通过相关新就业形态行业内部设置的从业资格证考试即可就业。然而，在算法规

则下,还隐藏着一定的就业歧视现象,使我国传统的劳动者平等就业权保护模式面临一定的挑战。

对此,我国政府有关部门应将平台算法隐蔽性就业歧视纳入立法范畴,为反平台算法隐蔽性就业歧视提供法律依据。具体来说,我国政府立法部门应针对新就业形态下劳动者筛选方式,立法禁止在算法中设置具有就业歧视色彩的关键词。

此外,由于我国现阶段未出台反就业歧视法,有关反就业歧视的相关法律法规条款较为分散,且无法囊括新就业形态下产生的种种就业歧视。因此,我国相关立法部门应考虑出台单独的反就业歧视法,将新就业形态中可能出现的各种显性或隐蔽性就业歧视行为纳入其中,以便为传统就业形态和新就业形态下的各种侵犯劳动者平等就业权的行为提供法律依据,保障劳动者平等就业权的落实。

二、加强新就业形态下反就业歧视的监督和管理

我国立法部门完善立法后,政府劳动监察部门应进一步对新就业形态下存在的各种就业歧视行为进行监督。

新就业形态下就业歧视往往存在较强的隐蔽性,掩藏在平台算法的平等、中立层面之下。平台算法以大数据等最新科学技术作为依托,具有较强的技术性特点,其考虑因素十分复杂,存在难以审计和评价的客观困难,因此,导致政府劳动监察部门难以发现平台算法下隐藏的种种就业歧视行为,遑论对平台算法下的就业歧视行为进行纠正。

平台算法具有较强的自主学习性和迭代性,它会随着技术的发展而不断进行升级和迭代。平台算法的这一特点,使得劳

动监察部门难以发现算法中隐藏的就业歧视行为。

平台算法往往还涉及大量商业机密和个人隐私信息,因此,平台算法不能实现完全的公开透明,这就为政府劳动监督监察部门的反就业歧视监督和管理形成了种种障碍。

针对新就业形态下平台算法中存在的隐蔽性就业歧视现象,有关部门应从事前审查和事后监督两个方面进行就业歧视监督。

(一)事前审查

事前审查是指在劳动平台系统上线之前,我国劳动监察部门应对即将上线的劳动平台的大数据算法模型进行审查,核实其是否符合平等原则和解释原则,从而从源头上杜绝新就业形态中的就业歧视行为。

(二)事后监督

事后监督是指在劳动平台系统上线之后,我国劳动监察部门应当充分利用定期检查的机会,对各种新就业平台算法进行严格审查。除此之外,劳动监察部门还应进一步创新劳动监察手段,对新就业形态中的隐蔽性就业歧视行为进行监督和管理。

除了政府有关部门对新就业形态下的反就业歧视监督与管理之外,工会也应承担起对平台企业隐蔽性就业歧视的监督职责,以确保新就业形态下劳动者平等就业权的落实。

三、完善新就业形态下劳动者平等就业权的司法保护路径

新就业形态下,当劳动者面临就业歧视行为时,可以向有关部门申请司法援助。在传统就业形态中,当劳动者和用人单位产生劳动纠纷时,劳动者具有举证责任。例如,在传统就业形态中,劳动者的平等就业权被用人单位侵犯时,劳动者具有

向劳动仲裁机构或法庭提供用人单位就业歧视的各种凭证的权利,以便劳动仲裁机构或用人单位对用人单位的侵权行为进行核实。

然而,新就业形态下的平台企业在算法的掩护下,其侵权行为存在较强的隐蔽性特点。劳动者很难对平台企业侵犯平等就业权的行为进行举证。因此,我国相关司法部门应适当完善和放宽劳动者的举证条件,减轻劳动者的举证责任。可以通过让劳动者提供初步证据,证明平台企业存在直接歧视或间接歧视,而由相关劳动监察部门对平台企业的相关环节或算法进行审查。通过这种方法保障劳动者平等就业权的落实。

第四章

劳动者自由择业权及其保护途径探索

第一节 劳动者自由择业权的基本理论及法律规定

自由择业权是指劳动者可以自主选择职业的权利,包括是否从事职业劳动、从事何种职业劳动,进入哪一个用人单位工作等方面的选择权。本节主要对劳动者自由择业权的基本理论和法律规定进行概述。

一、劳动者自由择业权和竞业限制的基本理论

(一)劳动者自由择业权

劳动者自由择业权是劳动者享有的基本权利。劳动者自由择业权包括三个层面的意义:其一,劳动者具有选择某种方式生活的自由,具有就业或不就业的自由。其二,劳动者具有自由选择自主营业或受雇于他人的权利。其三,劳动者具有选择具体职业和雇主的权利。

劳动者自由择业权具有极其重要的价值。

第四章 劳动者自由择业权及其保护途径探索

1. 劳动者自由择业权能够促进社会经济快速、健康发展

劳动者自由择业权，是劳动者平等就业权的延伸。劳动者在市场竞争的作用下，根据市场发展趋势，结合自身的兴趣、爱好和特长选择适合的职业，这有利于推动市场经济的健康发展，也有利于充分激发劳动者的积极性和创造性，为社会创造精神财富和物质财富。

2. 劳动者自由择业权具有促进就业的作用

劳动者享有自由择业权能促使劳动者广泛而深入地参与到社会生活之中，增加劳动者自由创业和创新的机会，从而达到创造更多就业机会和推动就业的目的。

3. 劳动者自由择业权能够合理配置人才

劳动者自由择业权能够确保人才在各个行业之间合理、有序地流动。当某一行业的高素质劳动力数量较少时，该行业的发展必然陷入困境。该行业内的用人单位为了促进行业的发展必然提高行业平均薪酬，以吸引高素质劳动力流入，直至该行业的高素质劳动力需求得到满足。反之，如果某行业的劳动力过剩，则该行业内的用人单位会降低平均薪酬，使得该行业内的部分劳动力外流，从而使行业内的劳动力供需达到平衡，使各行业合理配置人才。

4. 劳动者自由择业权的法律价值

劳动者的自由择业权赋予了劳动者选择工作或不工作的权利；也赋予了劳动者选择就业或自主创业的权利；还赋予了劳动者选择何种工作模式的权利。劳动者平等就业权和自由择业权确保了劳动者在与用人单位签订劳动合同时，双方的法律地位平等，并且双方可以就劳动合同中的条款进行平等协商。

(二) 竞业限制的概念、特征及价值

1. 竞业限制的概念

竞业限制,我国《劳动合同法》对竞业限制进行了严格的规定。竞业限制具有狭义和广义两个方面的含义。狭义的竞业限制是指用人单位出于保护商业机密的目的,要求劳动者在离职后的一定期限内不得在与原用人单位同类单位或与原用人单位存在竞争关系的用人单位就职,同时也不得自行生产或经营同类业务的法律制度。广义的竞业限制在狭义竞业限制含义的基础上,还包括劳动者不得在与用人单位存在竞争关系的单位兼职,也不得自行经营与本单位业务重合的业务,不得引诱他人与自己一同离职等。

2. 竞业限制的特征

竞业限制制度的目的是保护企业的商业利益,对企业内部高级雇员或涉及企业机密雇员的行业限制。竞业限制具有以下特征。

其一,竞业限制是一种民事法律关系。竞业限制的主体是用人单位与劳动者,有关竞业限制的法律规定散见于《劳动合同法》中,无论狭义的竞业限制,还是广义的竞业限制均属于一种民事法律关系。

其二,竞业限制是一种不作为义务。竞业限制是指劳动者与用人单位在签订合同或协议时约定的条款,要求劳动者以消极和不作为的方式履行义务。

其三,竞业限制只能在一定的时间和空间中限定。竞业限制在一定程度上限制了劳动者的自由择业权。竞业限制制度所保护的法律权益具有一定的时效性。一旦超出了竞业限制的时间和空间,劳动者可以自由择业。

其四，竞业限制的设定需要用人单位给予劳动者一定的补偿作为对等代价。竞业限制的设定在一定程度上限制了劳动者的自由择业权，当劳动者从原单位离职后，其自身收入和职业发展会受到一定的限制，出于法律公平原则，原用人单位应给予劳动者一定的补偿。

3. 竞业限制的分类

现实劳动关系中竞业限制可以划分为法定竞业限制、约定竞业限制、在职竞业限制、离职竞业限制、单纯竞业限制、附带保护商业秘密义务的竞业限制等。

4. 竞业限制的价值

其一，保护用人单位的商业机密。竞业限制作为一种事前救济手段，能够有效防止用人单位的商业机密被泄露，同时能够防止因事后救济所造成的损失。

其二，能够减轻商业机密权利人的举证责任。在涉及商业机密泄露案件的司法实践中，商业机密权利人在提起侵权诉讼，追究侵权者的责任时，往往需要商业机密权利人举证商业机密被泄露和被非法获取以及使用的事实。由于商业机密具有非专有性特征，商业机密权利人可能因为举证难而无法进行维权。竞业限制制度则采取过错推定责任原则，通过对熟悉用人单位商业机密人员在职或离职后可能泄露用人单位商业秘密的行为进行限制，有利于保护商业机密权利人的合法权益。

二、劳动者自由择业权和竞业限制的法律规定

（一）劳动者自由择业权和竞业限制之间的冲突性

劳动者的自由择业权受《宪法》保护，这是《宪法》赋予

劳动者的基本权利。此外，劳动者自由择业权还受《劳动法》《劳动合同法》等相关法律法规的保护。

尽管劳动者的自由择业权受《宪法》等法律保护，然而，劳动者的自由择业权也并非不受限制。劳动者在享受某些权利的同时也需要承担一定的义务，劳动者的权利和义务之间具有互补关系。劳动者只有认真履行义务才能保障权利的实现，并建立起良好的社会秩序。劳动者自由择业权是劳动者单方面的权利，就业则依赖于劳动者和用人单位双方，否则劳动者的自由择业权就会失去其现实意义。

除了劳动者自由择业权之外，我国《宪法》以及其他法律法规中所规定的许多其他权利之间也存在相互冲突的可能，一旦出现冲突，权利主体或司法机关会对相关权利作出必要限制。

劳动者自由择业权的行使过程受到竞业限制制度的约束。我国竞业限制制度的法律依据主要为《劳动合同法》《最高人民法院关于审理劳动争议案件适用法律若干问题的解释（四）》等相关法律法规。

劳动者的自由择业权和竞业限制制度之间存在一定的冲突，主要体现在两个方面。

1. 劳动权与经营权的冲突

劳动者自由择业权是出于对劳动者劳动权益的保护，而竞业限制制度则是出于对用人单位经营权和财产权的保护。竞业限制制度的目的在于限制掌握着用人单位商业秘密的劳动者，以维护用人单位的经营权和财产权。由此可见，竞业限制是对劳动者权利的限制，劳动者自由择业权和竞业限制权之间存在一定的冲突，其本质是劳动权与经营权之间的冲突。

2. 竞业限制条款对劳动者自由择业权的限制过于严格

在实践中，用人单位和劳动者签订竞业限制协议时，存在用人单位对劳动者的自由择业权限制过多，超出我国有关法律的有关规定，对劳动者自由平等权益造成侵犯，从而呈现出劳动者自由择业权和竞业限制条款冲突的状况。例如，用人单位对劳动者的竞业限制协议时间过长，超过两年；用人单位对劳动者进行竞业限制的同时，并未给予劳动者相应的补偿等。

(二) 竞业限制协议的效力判断

竞业限制协议既应当合法，也应当合理。在现实劳动关系中，劳动者自由权和竞业限制相冲突的现象是客观存在的，我国有关司法实践中对竞业限制协议效力的判断，主要从以下方面进行审查。

1. 是否存在应保护的利益

竞业限制的目的在于保护用人单位的商业秘密，这也是竞业限制义务所保护的。在司法实践中，判断劳动者与用人单位所签订的竞业限制协议是否有效，关键在于竞业限制协议所涉及的条款是否具有商业秘密特征，是否保障了用人单位的商业秘密。只有当竞业限制是出于保护用人单位商业秘密以及其他财产权利时才合法。

2. 限制主体资格

竞业限制协议在保护用人单位商业秘密时，其主体应被限制在知悉用人单位商业秘密的人，而非笼统地将所有劳动者作为被限制的主体。

3. 受保护的利益大于被牺牲的利益

竞业限制协议在客观上与劳动者的自由权存在冲突。竞业限制制度是用人单位、劳动者和社会利益相互平衡的结果。在这种平衡过程中，必然涉及受保护的利益和被牺牲的利益之间的权衡。如果被牺牲的利益，即劳动者的自由择业权、生存权和公共利益大于用人单位应受保护的合法权利，那么竞业限制协议可能被认定无效。

4. 区域和时间限制的合理性

竞业限制协议中一般会对劳动者自由择业权的权利进行适当限制，然而这些限制具有区域和时间的合理性。例如，我国《劳动法》等有关法律中，规定对劳动者签订竞业限制协议的时间限制不得超过2年。对超出法律规定的区域和时间的竞业限制协议，在司法实践中可能被认定为无效。

5. 经济补偿金

竞业限制在对劳动者自由择业权进行限制的同时，一般给予劳动者一定的补偿。在司法实践中，存在名义上有较高补偿的劳动者实际上并未得到补偿，以及补偿不充分的情况。在司法实践中，当涉及经济补偿金不到位的情况，有关司法部门在裁决时可能对劳动者违反竞业协议的赔偿金额进行适当调整。

综上所述，劳动者自由择业权与竞业限制制度之间存在一定的冲突，在司法实践中，如果出现竞业限制协议严重损害了劳动者利益的情况，则会影响有关司法部门对竞业限制协议的认定，以及对违反竞业限制协议后的赔偿金额进行调整。

第二节　新就业形态下劳动者自由择业权保障研究

新就业形态下，劳动者拥有自主选择职业，甚至同时从事多种工作的机会，这在一定程度上保障了劳动者的自由择业权。然而某些职业中，劳动者的自由择业权和竞业限制协议之间则

第四章　劳动者自由择业权及其保护途径探索

存在一定冲突。本节主要对新就业形态下，劳动者自由择业权进行分析。

一、新就业形态下劳动者自由择业权保护现状

本节主要以网络直播行业为例，对新就业形态下劳动者自由择业权保护现状进行分析。

在司法实践中，网络主播与用人单位之间的诉讼焦点通常集中于双方之间签订的协议是否为劳动合同、网络主播是否有权单方面解除协议、网络主播是否应当继续履行合同、网络主播与经纪公司之间签订的竞业限制条款是否有效等方面（见图4-1网络主播与经纪公司的诉讼焦点）。

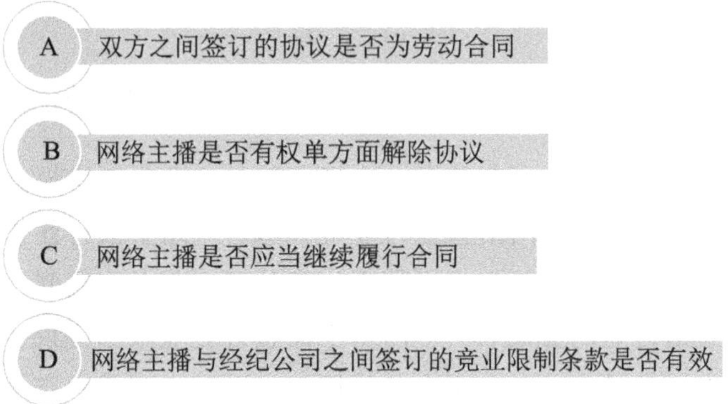

- A　双方之间签订的协议是否为劳动合同
- B　网络主播是否有权单方面解除协议
- C　网络主播是否应当继续履行合同
- D　网络主播与经纪公司之间签订的竞业限制条款是否有效

图4-1　网络主播与经纪公司的诉讼焦点

一般而言，网络主播与用人单位之间大多签订了各种名目的合同、合约和协议，然而较少明确双方之间存在劳动关系。许多网络主播与用人单位之间签订的合约或协议中还会特意说明，双方所签订的协议条款均不得解释为双方之间产生或构成

劳动关系。在司法实践中，针对这种情况，司法机关一般会尊重双方当事人的意思表示，将双方之间的关系认定为民事合作关系。

此外，一些网络主播和经纪公司在协议中并未明确表明两者之间为民事合作关系或劳动关系，在司法实践中，司法机关会根据双方存在的事实劳动关系而将双方关系认定为劳动关系。

由于劳动者的自由择业权建立在对劳动关系的认定之上，当双方之间的劳动关系被认定为民事合作关系时，劳动者的自由择业权通常无法被保障。而当双方之间的关系被认定为劳动关系时，以网络主播为代表的劳动者的自由择业权实际上就受到了竞业限制的约束。此外，无论劳动者与经纪公司之间的关系是否为劳动关系，当网络主播跳槽后，通常会遭到原经纪公司起诉追缴天价赔偿金。

二、新就业形态下劳动者自由择业权与竞业限制协议案例

新就业形态下，劳动者自由择业权与竞业限制协议相冲突的现象主要存在于网络直播行业等领域。网络直播行业作为一种新兴行业，用人单位为了保障自身的财产权益，通常与从事网络直播行业的劳动者——网络主播签订竞业限制协议。竞业协议中通常对劳动者在用人单位期间，以及离职后一定年限内的行为进行了限制，并且通常约定高额赔偿金。

然而，在现实司法实践中，司法机关对网络主播与用人单位之间签订的竞业限制协议的司法认定和判断则不尽相同（见表4-1 网络直播领域竞业限制判决案例）。

表 4-1　网络直播领域竞业限制判决案例

案件名称	双方约定的违约金数额	法院判决
吴某溪、广州虎牙信息科技有限公司服务合同纠纷案	双方约定的违约金为 500 万元或吴某溪收益的 10 倍或已履行合约期内近 12 个月吴某溪获得的月平均收入乘以剩余月份的总金额	吴某溪于判决发生法律效力之日起 5 日内向广州虎牙信息科技有限公司支付违约金 90 万元
合肥卉美文化传媒有限公司与郑某合同纠纷案	双方约定的违约金为 50 万元	郑某于本判决生效之日起 10 日内向合肥卉美文化传媒有限公司支付违约金 10 万元
彰武县晟世传媒有限公司与张某合同纠纷案	双方约定违约金 30 万元	依照《劳动合同法》的有关规定，竞业限制人员仅限于单位的高级管理人员、技术人员和其他负有保密义务人员，竞业限制期限不得超过 2 年，竞业限制期内，用人单位应该向劳动者支付经济补偿。本案中，张某不属于竞业限制人员范围，双方在合同中的约定不符合法律规定，对晟世传媒有限公司该部分主张（编者注：赔偿违约金的主张）法院不予支持
刘某、锦州八月文化传媒有限公司服务合同纠纷案	双方约定违约金 20 万元（大写人民币贰拾万元整）违约金以上	鉴于上诉人只在其他平台直播次数较少，被上诉人亦不能提供其受有损失的证据，酌情由上诉人承担违约金 1 万元为宜

续表

案件名称	双方约定的违约金数额	法院判决
苑某晴、河南星耀文化传媒有限公司劳动争议案	甲乙双方终止劳动合同后,乙方的竞业期限为2年,在此期间,甲方每月向乙方支付100元的经济补偿。乙方在2年内不能在任何平台从事、经营、开设与本公司有竞争关系的相同或者类似的主播网络演艺行业,并具有保守甲方商业秘密的义务,否则,乙方应向甲方支付10万元违约金	本案中,被上诉人河南星耀文化传媒有限公司(以下简称星耀公司)既未举证证明其公司拥有商业秘密,又未举证证明上诉人苑某晴掌握该公司的商业秘密,故上诉人苑某晴不属于《劳动合同法》规定的竞业限制主体。星耀公司和苑某晴签订的劳动合同中约定竞业限制期为2年,在此期间星耀公司每月向苑某晴支付100元的经济补偿。该经济补偿标准远远低于劳动争议司法解释中关于竞业限制经济补偿的标准,即劳动合同解除或者终止前12个月平均工资的30%按月支付竞业限制经济补偿。故星耀公司和苑某晴签订的劳动合同中竞业限制条款对苑某晴不产生法律效力,对星耀公司诉请要求苑某晴履行竞业限制条款并支付违约金的诉讼请求,法院不予支持
乌鲁木齐边娱视听文化传媒有限公司与吴某君合同纠纷案	违约金50万元	本案中,被告构成违约,应承担违约责任。(1)原告经营直播平台,承担经营成本及经营风险,主要依靠主播为其带来收益,在

续表

案件名称	双方约定的违约金数额	法院判决
		协议中对主播违约约定较重违约责任,目的是最大限度维护原告权益。(2)被告从事网络主播职业,自主选择发展平台均不能违背诚实信用原则,应当信守承诺,却在明知违反协议的情况下,单方中止协议的履行,并到第三方平台直播,其行为有违诚实信用原则。(3)被告签订协议,表明其已对违约风险作出评估,并愿意接受协议的约束。(4)被告违约致使原告主播资源流失、平台用户流失,协议期限3年仅履行不到1年,原告因此受有现实利益损失及预期利益损失,被告对此应予弥补。(5)原告就其受到损失未提交相应证据。综合以上情况,法院酌情确定违约金数额为30万元
丹东市元宝区辉上传媒工作室与张某瑶合同纠纷案	双方约定违约金30万元	对原告依据该协议的第6条第4项诉请被告给付30万元的诉讼请求,虽然该协议的第6条第4项约定:"乙方承诺,无论何种原因导致本协议终止或解除,在本协议终止或解除后的三年内不再从事网络直播工作及与此相关的所有活

续表

案件名称	双方约定的违约金数额	法院判决
		动,否则乙方每参与一次(或一天)须向甲方支付30万元违约金,不足以弥补损失的,继续承担赔偿责任。"该项约定在法律上的性质属于"竞业限制"条款,但该项约定的内容与《劳动合同法》所规定的竞业限制期限最多2年明显存在抵触,且依据该法的规定,用人单位需应在竞业限制期限内,对受限人按月给予经济补偿,因此,协议的该项约定与相关法律相悖,故应属于无效。原告据此项无效条款诉讼请求被告赔偿违约金,法院无法予以支持
韩某会与深圳市环亚互动娱乐传媒有限公司居间合同纠纷案	双方约定违约金100万元	原告单方擅自提出解除合同,其行为已经构成违约,依法应承担相应的违约责任,赔偿被告的经济损失。若允许直播艺人随意解除合同,既会影响其所在公司的正常经营,也有违诚实信用的基本原则,不利于行业整体秩序的建立。同时在本案中亦考虑到被告主要损失体现在直接损失以及前期宣传、包装、培训费用、向第三方支付的违约金及预期利润等方

续表

案件名称	双方约定的违约金数额	法院判决
		面。而原告在被告处实际参与直播工作的时间尚不足一月，在互联网平台知名度较低、实际收入金额较少，被告对原告的培训也仅仅体现在一次音乐培训以及一些言语方面的指导，并未有太多资金投入，双方约定的违约金标准明显高于被告方的实际损失，故法院综合上述因素，酌定原告应向被告支付违约金10万元

以上判决案例中，针对网络直播行业合同约定中的高额违约金，法院在判决时的支持率较高。一般而言，法院判决支持违约金的案例中，较少判决劳动者根据原合同给付用人单位高额违约金，而是结合劳动者在用人单位期间的综合收入来确定违约金金额。法院在判决时不支持违约金的案例，一般考虑两个方面。其一，劳动者的劳动内容不涉及商业机密，因此不予以支持。其二，直播行业合同约定中的竞业限制的时间范围超出了我国《劳动合同法》规定的2年期限，因此法院不予支持。

第三节 新就业形态下劳动者自由择业权保护途径探析

新就业形态下，劳动者自由择业权的保护应从以下几个方面着手。

新就业形态下劳动者劳动权益保护有效途径探究

一、新就业形态下劳动者劳动关系认定路径探析

新就业形态下，对劳动者自由择业权的保护应从网络主播与用人单位之间的关系着手。现阶段，网络主播与用人单位之间的劳动关系存在认定困境。其主要原因在于我国传统劳动关系认定标准无法满足当前新就业形态下对劳动关系认定的需要。

从这一视角来看，我国立法部门应进一步完善《劳动法》《劳动合同法》等现行法律法规，将灵活就业劳动关系纳入现行劳动法律法规之中，以便对网络主播等新就业形态下劳动者的劳动关系进行认定，保障劳动者的自由择业权等权益。此外，针对新就业形态中存在的竞业限制制度被滥用的情况，以网络直播行业为例。网络直播行业中用人单位处于优势地位，劳动者处于相对弱势地位。用人单位在劳动实践中存在将契约自由的竞业限制制度当成"霸王条款"强塞给劳动者的情况。例如，当网络主播选择与某平台企业或某经纪公司合作时，用人单位一般会事先拟订好竞业限制协议，要求劳动者签署。该协议中一般包含标有高额竞业限制违约金或者损害赔偿金的条款，而对于劳动者应得的竞业限制补偿金则回避不提或只给予象征性的少量补偿。在此过程中劳动者缺乏足够的与用人单位谈判的筹码，往往为了得到工作，而不得不签署协议，从而不利于劳动者应有劳动权益的实现。

对此，我国有关立法部门，应进一步完善竞业限制制度立法，明确竞业限制的对象，明确用人单位违反竞业限制违约金的合理范围，完善针对滥用竞业限制的用人单位的惩戒条款，以保障劳动者的权益。

二、创新工会组织形式，保障新就业形态下劳动者在集体协商中的利益诉求

新就业形态下劳动者由于具有较强的灵活性和组织性弱的特点，与用人单位相比，往往处于弱势地位，不得不与用人单位签署其早就拟定好的各种劳动合约。

以网络主播为例。网络主播的用工模式极其灵活，工作地点和工作时间往往由网络主播自行决定。因此网络主播通常活跃于互联网平台，组织性并不强。有鉴于此，工会作为劳动者的组织，应积极将网络主播纳入其中，并且创新工会组织形式，以保障网络主播群体的劳动权益。

（一）推动网络主播行业性或区域性集体协商

传统工会组织形式以存在标准劳动关系作为基础，然而网络主播具有较高的流动性，且网络主播群体存在劳动者数量庞大、从业人员复杂、年龄跨度较大等特点，因此，传统工会组织形式难以对网络主播进行把控。网络主播工会应吸纳各类网络主播的加入，赢得网络主播群体对工会的信任，在此基础上，充分发挥工会的集体协商作用。通过工会的集体协商与用人单位就竞业限制条款及违约金的金额进行协商，以便最大限度地保护网络主播的权益。

此外，工会在与用人单位进行集体协商时，应秉持法治思维，以诚信协商作为稳定劳资关系的基础，平衡网络主播和用人单位两大社会主体的利益，推动经济的稳定发展。

（二）通过行政力量推动集体协商

网络直播行业呈现强烈的流动性和人员的复杂性，由于网络直播行业正处于快速发展之中，相关法律法规制度尚不完善。

网络主播群体的分散性较强，这使得其在参加工会组织时往往不太积极。针对网络主播群体的这一特点，应加强行政力量的介入力度。

1. 加强行政部门对网络主播和用人单位之间签订协议的审查

有关行政部门可以要求网络主播和用人单位之间签订合同时，应在协议条款中明确规定劳动者的休息权、平等就业权、劳动报酬权、职业安全权、社会保险权等方面的内容。

2. 通过行政手段推动网络直播行业工会的建立

通过地方政府部门的介入，自上而下地推动地方或行业内工会的建立，并且对网络直播平台或用人单位进行监督。

此外，网络直播行业由于劳动门槛较低，因此集中了各种不同年龄阶段，不同学历的劳动者。这些劳动者大多不具备独特的技能，通常法律知识也较为薄弱，维权意识不强。尤其是刚刚走出校门的就业者，往往由于劳动经验较少，缺乏足够的判断力，他们难以在劳动关系中很好地维护自身权益。一旦他们与用人单位签订了带有竞业限制合约的条款，在与用人单位发生劳动纠纷时就可能无法很好地保障自身权益，甚至还要支付给用人单位高额赔偿金。

对此，政府或工会等有关部门或组织应对网络主播人群加强法律知识培训，不断提高网络主播群体的法律知识素养和维权意识，以更好地保障新就业形态下劳动者平等就业权益的落实。

第五章

劳动者劳动报酬权及其保护途径探索

第一节 劳动者劳动报酬权的基本理论及法律规定

劳动者报酬权又称劳动分配权或劳动工资权,是劳动者在劳动关系中享有的基本权利、核心权利。[1]本节主要对劳动者报酬权的基本理论和相关法律规定进行简要概述。

一、劳动者报酬权的内容、价值

劳动者报酬权具有人权和公民权的双重属性,是劳动者的一项独立的权利,同时也是一项复合权利。

根据我国《宪法》《劳动法》《劳动合同法》等相关法律法规,我国的劳动报酬权包括劳动者享有获得公平劳动报酬的权利、同工同酬或同值工作同酬的权利、最低工资标准的权利。其中,最低工资标准是劳动报酬权中的基本要素,公平劳动报

---

[1] 常凯:《劳权论——当代中国劳动关系的法律调整研究》,中国劳动社会保障出版社 2004 年版,第 163 页。

酬权和同工同酬权均应建立在最低工资权的基础上；同工同酬权是基本的原则；公平劳动报酬权是劳动报酬权的核心，也是劳动法追求的终极目标。

（一）劳动报酬权的内容

劳动报酬权是劳动者应当享有的基本权利，劳动报酬权在现实社会中的具体落实需要进一步明确劳动报酬权的内容、外延。我国学者对劳动报酬权的内容十分关注，并从不同角度对劳动报酬权进行了界定。本书认为，劳动报酬权的内容包括劳动报酬谈判权、劳动报酬请求权、劳动报酬优先权三个方面。

1. 劳动报酬谈判权

现阶段，根据世界各国的劳动法规定，劳动者的劳动报酬决定机制主要有两种：一种机制是用人单位直接决定劳动者的劳动报酬；另一种机制是用人单位与劳动者共同决定劳动报酬。

劳动者参加社会劳动的主要目的之一即是获得报酬。劳动报酬谈判权是指劳动者和用人单位或工会组织与雇主或雇主组织之间，在国家相关法律和法规的保护下，就劳动报酬问题进行谈判的权利。

劳动报酬谈判权体现了对劳动者的利益保护和工业民主，能够避免或减少劳资双方由于劳动报酬问题而引发的各种劳动争议，促进劳动关系的协调发展。劳动报酬谈判权受劳资双方地位、劳动力商品特殊性、国家宏观政策、物价水平，以及企业经济状况等多种因素的影响。

劳动报酬谈判权的法律保护主要体现在两个方面。其一，建立在最低工资制度之上的劳动者个体与用人单位之间的个别谈判权受法律保护。我国现行的《劳动法》中并没有明确规定劳动者个体的报酬谈判权，然而我国《劳动法》第48条则规定了我国实行最低工资保障制度。根据《劳动法》的相关规定，劳动和社会保障部颁布了《最低工资规定》，并于2004年3月1日起正式施行。最低工资标准一般采取月最低工资标准和小时最低工资标准的形式，适用于全日制就业者和非全日制就业者。我国最低工资标准每1年至3年调整一次，各地由于经济发展程度不同，最低工资标准也不尽相同。

其二，建立在劳工联合基础上的劳动报酬集体谈判权受法律保护。1950年《工会法》颁布，赋予工会代表工人与用人单位进行交涉、谈判、缔结集体合同的权利。1994年《劳动法》颁布，第33条第1款明确指出："企业职工一方与企业可以就劳动报酬、工作时间、休息休假、劳动安全卫生、保险福利等事项，签订集体合同……"[1]该条法律中虽然没有明确指出劳动者享有薪酬集体谈判权，然而在签订集体合同之前，劳动职工方与企业将就包括劳动报酬在内的一系列事件进行协商、谈判。1994年至1995年《集体合同规定》《工会参加平等协商和签订集体合同试行办法》颁布实行，对集体合同制度和集体协商制度的程序作出了较为全面的规定，以保障集体谈判制度的进一步完善与落实。2000年，我国劳动和社会保障部颁布了《工资集体协商试行办法》进一步明确了集体协商报酬权的相关规定。2001年，《关于修改中华人民共和国工会法的决定》中明确规定了集体合同制度和职工代表大会制度，进一步完善了工会在协调劳资关系方面的规范。除了相关法律法规之外，我国发布的《关于进一步推进工资集体协商工作的通知》《关于进

---

[1] 中国劳动社会保障出版社法制图书编辑部编：《中华人民共和国劳动法》，中国劳动社会保障出版社2019年版，第65页。

一步推行平等协商和集体合同制度的通知》《工资集体协商试行办法》等，均为我国劳动报酬集体谈判权的落实提供了法律依据。

2. 劳动报酬请求权

劳动报酬请求权的本质属于一种债权，劳动者在劳动中享有要求用人单位支付劳动报酬的权利。

劳动报酬请求权具体包括劳动者要求用人单位依法支付劳动报酬的权利。在法律法规支持的特殊情况下，即使劳动者未付出相应的劳动，也享有要求用人单位支付劳动报酬的权利。例如，我国有关法律规定，在法定节假日，劳动者依法享有带薪休息休假权，因此在法定节假日，用人单位应依法向劳动者支付报酬。当劳动者付出了劳动，用人单位违反了与劳动者的相关约定，未向劳动者支付劳动报酬，那么，劳动者有权依法要求用人单位继续履行劳动报酬支付义务，同时要求用人单位支付逾期付款的利息。

3. 劳动报酬优先权

劳动报酬优先权是指在用人单位面临破产、清算等无实际支付能力的前提下，劳动者对于破产、清算前应得的劳动报酬享有优先于其他一般债权甚至担保物权受偿的权利。

（二）劳动报酬权的价值

劳动报酬权具有生存价值、秩序价值。

1. 劳动报酬权的生存价值

生存是人类的第一公理，生存需要是人类最基本的需要。现代社会中人类解决生存需要的途径可被划分为财产保障、社会保障和劳动保障三种类型。

人类生存权的财产保障是指依靠财产而获得生存所需要的

必要物资。财产一般来源于劳动者个人过去、现在的劳动所得，或他人过去、现在的劳动所得。

人类生存权的社会保障是指劳动者所在国家为国民提供一系列的社会公共措施，减少国民由于疾病、生育、失业、伤残以及年老等原因造成的收入减少等情况，保障人们基本生存所需要的物资。

人类生存权的劳动保障是指人类通过劳动创造社会财富，以保障其获得生存和发展所需要的资源。

从保障人类生存的三种途径可以看出，人类的生存与劳动息息相关。在现代社会，劳动是实现和保障人类生存权的基本手段，劳动者只有通过劳动才能满足基本生存需要。从这一视角来看，劳动者的报酬权是劳动者生存权的重要保障，具有较强的生存价值。在现实社会中，劳动报酬权的生存价值主要体现在最低工资权方面。我国《最低工资规定》的立法目的即是维护劳动者取得劳动报酬的合法权益，保障劳动者个人及其家庭成员的基本生活。劳动报酬权除了能够保障劳动者个人的生存权之外，还具有保障雇主生存和社会生存的重要价值。

2. 劳动报酬权的秩序价值

劳动者的劳动保障权还具有较强的秩序价值，主要表现在劳动报酬权具有保障生产秩序、竞争秩序的良好发展方面。

其一，劳动报酬权能够保障社会生产秩序。现代社会中，劳动者在进行社会劳动时，必须遵循一定的劳动规则，以实现正常的劳动秩序。正常的劳动秩序是保障生产秩序的基础，而和谐的劳动关系又是保障正常劳动秩序的前提和基础。如果没有和谐稳定的劳动关系，社会正常的劳动秩序也就无从谈起。和谐稳定的劳动关系必须保障用人单位和劳动者双方的利益，即在保障用人单位利润的同时保障劳动者的劳动报酬权。在劳动关系中，只有充分保障了劳动者的劳动报酬权，才能保障劳动者在劳动生产中的积极性，从而推动社会劳动关系的和谐发展。反之，如果社会劳动关系不和谐，劳动者的劳动报酬权无法达到令其满意的程度，则会对社会正常的劳动秩序产生较大影响。

其二，劳动报酬权能够保障社会竞争秩序。劳动者的劳动报酬权能够保障劳动力竞争秩序和企业竞争秩序。现代市场经济条件下，劳动者之间存在着相互竞争的关系，尤其是在劳动力供大于求的情况下，劳动者之间的竞争更加激烈。从客观上看，劳动者之间的竞争达到一定程度后，一些竞争力较弱的劳动者就会选择相对较差的工作，而劳动报酬权，特别是劳动者的最低工资权能够保障劳动者的基本生存，维护社会竞争秩序。劳动报酬权除能够保障劳动者之间的竞争秩序之外，还能够保障企业竞争秩序。尤其是劳动者的最低工资权能够确保用人单位不以降低劳动者薪酬的方式进行市场竞争，以确保企业之间的良性竞争秩序。

除以上两个方面之外，对劳动者劳动报酬权的保障也有利于维持社会正常的秩序。如果劳动者的劳动报酬权得不到保障，将严重威胁劳动者自身的生存和对后代的抚育，从而易引发社会矛盾和冲突。

二、灵活就业劳动者的劳动报酬权特点

灵活就业劳动者的劳动用工方式与普通劳动者的用工方式不同，其劳动报酬权具有以下特点。

第五章 劳动者劳动报酬权及其保护途径探索

(一) 灵活就业劳动者薪酬计算和给付方式与全日制职工不同

灵活就业劳动者的薪酬计算方式较为灵活、多样。我国灵活就业劳动者大多采用小时薪酬或计件薪酬方式。为了保障灵活就业劳动者的报酬权,我国《劳动合同法》规定,非全日制用工(灵活就业劳动者)小时计酬标准不能低于最低小时工资标准。此外,我国相关法律还规定灵活就业者的薪酬结算支付周期不得超过 15 日。然而,在实际劳动关系中,灵活就业者的薪酬大多以 30 日作为结算支付周期。

(二) 灵活就业劳动者的劳动报酬权存在于多重劳动关系中

灵活就业岗位吸纳了大量知识水平较低、劳动技能不高、职业岗位适应能力较差的劳动者,且由于工作性质、用工方式等特点,工作时间的灵活性较强,灵活就业劳动者所获得的劳动报酬相对较低。所以,灵活就业劳动者为了赚取足够的劳动报酬常常会与多个用人单位之间存在多重劳动关系。而与全日制劳动者大多只与一家用人单位建立薪酬关系不同,灵活就业劳动者的劳动报酬权存在于多重劳动关系之中,这就导致灵活就业劳动者报酬权的实现面临着一定的潜在风险。

1. 灵活就业劳动者薪酬获得的潜在风险

灵活就业劳动者由于特殊的用工方式,与用人单位之间缔结的劳动关系多为劳务关系、外包关系、服务关系等。一位灵活就业劳动者往往与多家用人单位之间缔结合约。当灵活就业劳动者与其中一家用人单位发生劳动纠纷时,也可能影响劳动者与其他用人单位之间的劳动关系,进而影响劳动者的工作效率,从而间接对其劳动报酬的获得产生不利影响。

2. 灵活就业劳动者易发生同工不同酬的现象

灵活就业劳动者一般不与用人单位之间建立规范的劳动关

系，导致灵活就业劳动者常常被用人单位边缘化。用人单位对灵活就业劳动者的重视程度弱于全日制劳动者，且同样的工作，易出现灵活就业劳动者的同工同酬权无法被保障的可能。

（三）灵活就业劳动者劳动报酬权的维护易被边缘化

现阶段，工会组织在我国劳动者权益保障中起着极其重要的作用。而由于我国相关法律法规未对灵活就业劳动者参加工会组织进行严格的规定，因此，社会上存在许多用人单位不组织灵活就业劳动者加入工会的现象。一旦灵活就业者与用人单位之间产生纠纷，灵活就业者往往无法得到工会组织的支持。

第二节 新就业形态下劳动者劳动报酬权保障研究

新就业形态下，劳动者作为灵活就业人员，其薪酬的计算方式类似于计件薪酬制，然而又与传统的计件薪酬制存在一定区别。本节主要对新就业形态下劳动者的劳动报酬权落实现状进行研究。

一、新就业形态下劳动者报酬体系研究

新就业形态下劳动者报酬体系多样，本节主要以外卖骑手和网约车司机两种新就业形态下的劳动者报酬体系为例进行研究。

（一）外卖骑手的劳动报酬体系研究

外卖平台企业的用工模式主要可划分为三种类型，即直营骑手、众包骑手和专送骑手（见表5-1外卖骑手分类及特点一览表）。

表 5-1 外卖骑手分类及特点一览表

序号	类型	含义	特点
1	直营骑手	外卖平台企业线下招聘的骑手	1. 直营骑手与外卖平台签订正式劳动合同；2. 外卖平台为直营骑手支付基本薪酬、社会保障和配送费；3. 外卖平台为直营骑手配备电动自行车、保温箱、工作服等装备；4. 该模式现已消失
2	众包骑手	外卖平台企业将外卖业务转包出去，由社会大众骑手完成	1. 众包骑手不属于任何外卖平台，但可以在多个外卖平台接单；2. 众包骑手一般会选择熟悉的商家和配送范围
3	专送骑手	受雇于外卖平台企业的代理商的骑手	1. 专送骑手与代理商签订劳务合同；2. 专送骑手配备代表平台身份的工作服、外卖箱等；3. 专送骑手实际上接受平台管理

从上表可以看出，外卖骑手可划分为三种类型，现阶段，直营骑手的模式已消失，本书所分析的外卖骑手的薪酬以众包骑手和专送骑手为主。

1. 外卖骑手的薪酬构成

外卖骑手的薪酬由配送费和活动奖励构成，具体而言，主要由基本提成+时段补贴+大额单补贴+重量补贴四部分构成。

基本提成是每个订单的基本配送费，是外卖骑手薪酬的主要部分。众包骑手的基本提成由骑手实际接单量决定，每个订单的基本配送费会因距离长短而变化。专送骑手的配送费则是固定的，一般会划分几个阶梯,当专送骑手的送单量超过某个阶梯限定的数量时,配送费则会跨入新的梯度,以此激励专送骑手。

时段补贴是指不同时段平台发放的补贴费用,一般来说,高峰时段的补贴费用相对较多。

大额单补贴是指当用户实际支付金额减去用户支付的配送费之后大于某金额时,即会给予外卖骑手一定额度的大额单补贴。

重量补贴是指当用户所购买的物品超过了一定重量后,外卖平台即会给予外卖骑手一定数额的重量补贴。

除了配送费之外,活动奖励也是外卖骑手的重要收入来源之一。外卖骑手的活动奖励主要由周冲单奖励、月冲单奖励和个人表现奖励三部分构成。其中,周冲单奖励、月冲单奖励一般设有多档不同的奖励标准,当外卖骑手所配送的订单量达到不同档位后即可享受不同档位的奖励。外卖骑手的个人表现奖励则主要包括推荐新员工入职的推荐费、全勤奖以及星级奖励等(见图5-1 外卖骑手薪酬构成示意图)。

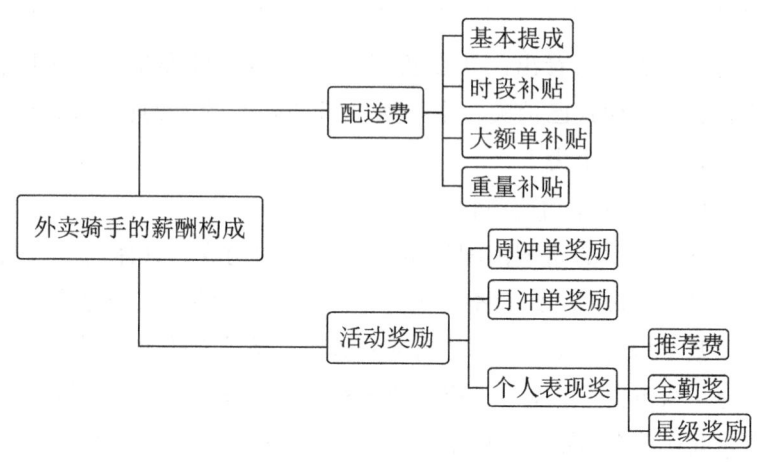

图 5-1 外卖骑手薪酬构成示意图

2. 外卖骑手的薪酬发放条件

外卖骑手的薪酬计算方法虽然极其复杂，需要受多种因素制约，然而无论哪部分收入均需以两个基本条件作为前提，即出勤率和单量门槛。

其一，出勤率是决定外卖骑手薪酬计算的重要因素。根据外卖平台的有关规定，外卖骑手每天的 APP 在线时长不得低于 8 小时，午晚高峰时期，外卖骑手的 APP 在线时长不得低于 6 小时，且午晚高峰时期的接单量也不得低于规定的单数，只有满足这些条件，外卖骑手才能达到平台规定的出勤率。反之，如果外卖骑手无法满足出勤率，那么将会直接影响外卖骑手的配送费和全勤奖。而如果外卖骑手多天缺勤，那么骑手将很难达到平台企业规定的周奖励和月奖励应当达到的送单量，无法领取相关奖励。除此之外，外卖骑手的出勤率还是衡量外卖骑手能否获得星级奖励的重要指标。

其二，单量门槛是直接决定着外卖骑手薪酬的因素之一。外卖骑手的收入与外卖骑手的接单量直接相关，无论是外卖骑手的基本提成，还是周冲单量和月冲单量均与外卖骑手的最终薪酬息息相关。外卖平台企业为了激励外卖骑手设置了多种类型的单量梯度，只有达到基本的单量门槛后，外卖骑手才能追求更高的单量门槛，只有跨过相应的单量门槛，外卖骑手才能获得相应单量门槛的报酬。

从外卖骑手的薪酬计算方式和发放条件可以看出，外卖骑手如果想要增加收入，必须努力获得更高的订单总数，同时应提高午晚高峰时段的订单总量，如此才能获得更多的奖励和补贴。

（二）网约车司机的劳动报酬体系研究

网约车司机的薪酬结构大体由两部分构成，即网约车司机个人的营运收入和平台奖励。其中，网约车司机的营运收入由网约车司机当天的在线时长和接单量决定。网约车平台补贴则根据网约车司机的在线时长和接单量呈现阶梯状补贴。平台奖励则包括特殊时段的接单奖励、新司机入驻奖励，以及特殊时段免收佣金的奖励等。

不同网约车平台的薪酬体系不尽相同，同一网约车平台内部，不同类型网约车司机的薪酬构成也存在一定差异。有的网约车司机每周需要向网约车平台缴纳一定数额的基本营运额，在基本营运额之上所赚取的营运额才归网约车司机所有。还有的网约车平台规定每位网约车司机每天的营运收入需要达到一定数额，如果网约车司机每天的营运收入无法达到平台规定的数额，那么，网约车平台则会对网约车司机进行扣款处罚。除此之外，网约车司机的派单量、营运收入和补贴还与乘客的好评度挂钩。

综上所述，无论是外卖骑手还是网约车司机的报酬体系均较为复杂，不同互联网平台、不同类型网约车司机的薪酬计算方式均存在一定的差异性。从总体上来看，新就业形态下劳动者的薪酬的设计权和调整权均掌握在互联网平台手中，新就业形态下劳动者面临着互联网平台随意更改或调整薪酬结构等情况。

二、新就业形态下劳动者报酬现状研究

2022年3月《2022年广州市主要行业职工薪酬福利集体协商参考信息》发布，该报告中对2020年—2021年广州市的多种新就业形态下劳动者的薪酬进行了统计和对比，其中指出，快递员薪酬与2020年相比有所提升，2021年快递员平均年薪

为93 267元/年;月收入区间多为6000—8000元/月;网约配送员2020年的平均薪酬为92 933元/年;而2021年的平均薪酬则为109 387元/年。与快递员和网约配送员的薪酬增长不同,网约车司机的薪酬则呈现下滑趋势。根据该报告,2020年网约车司机的平均薪酬为120 805元/年;2021年广州市网约车司机的平均薪酬为117 990元/年。[1](见图5-2 2020年—2021年广州网约工薪酬收入示意图)

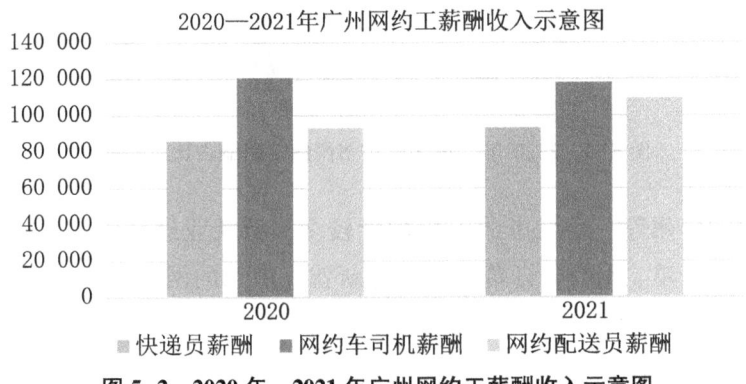

图5-2 2020年—2021年广州网约工薪酬收入示意图

尽管从《2022年广州市主要行业职工薪酬福利集体协商参考信息》这一文件中来看,广州市的快递员、网约配送员、网约车司机等几种类型的新就业形态下劳动者的平均薪酬较高,然而具体到每个行业,仍然存在一定的收入差距(见图5-3 2020年—2021年广州网约工薪酬占比示意图)。

---

[1] 广州市总工会发布的《2022年广州市主要行业职工薪酬福利集体协商参考信息》。

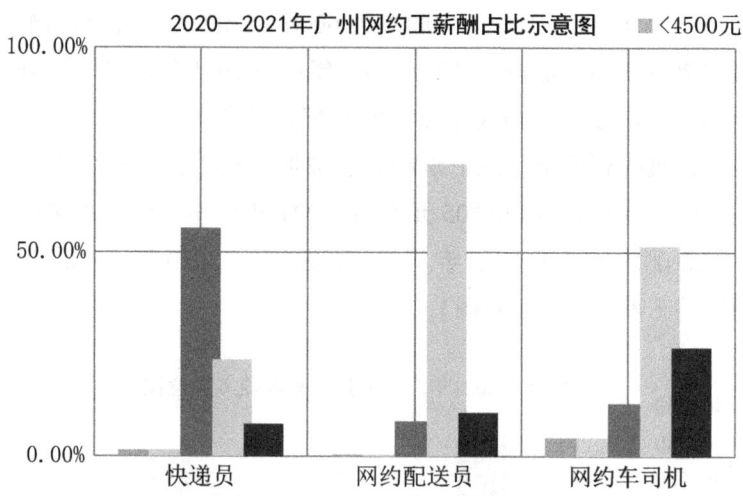

图 5-3　2020 年—2021 年广州网约工薪酬占比示意图

广州等一线城市的人口数量较多，新就业经济形态发达，外卖订单、网约车订单等依托于新就业形态的网约订单总量较大，为依靠订单量获取薪酬的网约工提供了良好的发展前景。

从《2022 年广州市主要行业职工薪酬福利集体协商参考信息》可以看出，广州市各种类型网约工的平均收入水平较高。然而，由于网约工属于灵活用工工种，往往需要自己缴纳保险，因此，网约工的薪酬还需要扣除保险费用。此外，网约车司机和网约外卖员还需要承担租车或买车费用、油气费用、购置平台服装、保温箱等多种费用。网约工的实际薪酬需要扣除这些费用。

（一）网约工薪酬被拖欠

2018 年《浙江工人日报》报道了杭州家政服务网约工被平台企业拖欠薪资的事件。涉案的百余位家政服务网约工自 2015 年至 2018 年先后在某家政劳动平台注册，并与该家政劳动平台签订了合作协议,双方约定按小时计算工资,每月 15 日发放工资。这些家政服务网约工入职后根据该家政平台的要求从事家政保洁工作。然而,网约工人自 2017 年 12 月至 2018 年年初一直被拖欠工资。后经当地劳动仲裁委员会调解才帮助网约工讨回了被拖欠的工资。

又如,2016 年 9 月,广州手机维修工程师(以下简称"网约工")鑫某到某科技公司工作,通过该公司开发的 APP 平台向该网约工鑫某派单。2017 年 10 月由于双方无法达成一致,双方解除了合同。随后,鑫某以该公司不签订书面劳动合同、不办理社会保险手续和缴纳社会保险费用、无故扣发工资为由将该公司告上法庭。后经广州市中级人民法院审理,该公司被判向网约工鑫某补发被扣发的工资,赔付未签订劳动合同的二倍工资差额和违法解除劳动合同的赔偿金。

(二)最低工资无法保障

近年来,伴随着新就业形态的快速发展,网约工与互联网平台或第三方劳务公司之间常出现劳动纠纷。其中,许多案例中的平台企业或第三方公司利用合约中的法律漏洞侵犯劳动者的劳动报酬权。

互联网平台的薪酬计算方法极其复杂,有的平台第三方公司往往在合约中设置各种法律漏洞,网约工群体一旦无法完成平台企业规定的任务则极可能陷入平台企业的套路,辛苦工作后甚至连最低工资也无法保障。

例如,西安某网约车司机与第三方公司签约,成为专职网约车司机,分别在两个网约车平台上接单,当月该网约车司机的系统流水达到近 7000 元,然而实际到手工资只有 1000 多元。原来,双方所签订的合同中规定,如果网约车司机的日营运额达到350元以上，则第三方公司和网约车司机平分当天的营运额；如果网约车司机的日营运额无法达到350元，则该公司直接扣除160元，剩余利润归网约车司机所有，且网约车司机需自行承担电费。网约车司机每月仅有2天假期，超出假期之外的事假和病假每天扣罚100元、旷工每天扣罚200元。在该案例中，若网约车司机当天营运额达到350元，则该公司的抽成比例达到了50%；若网约车司机当天营运额无法达到350元，则该公司的抽成比例更高。这使得网约车司机尽管营运额不少，整月辛苦工作，所到手的工资依然很低，连当地的最低工资标准可能都无法达到，严重侵犯了劳动者的报酬权。

（三）薪酬计算不透明

近年来，社会上出现的网约工劳务纠纷案例中存在众多由于薪酬计算不透明而使网约工的劳动报酬权受到侵犯的现象。

1. 平台抽成比例高

新就业形态经济大多依托互联网平台吸引客户，网约工通过互联网平台派单为客户提供服务。由于新就业形态的特殊性，平台企业往往会根据网约工所获得运营金额进行一定比例的抽成。

例如，大多数外卖平台都采用根据单量分段计价的报酬方式。有的外卖平台企业规定每位外卖骑手每月必须达到基础的接单量，达到基础接单量之后的接单量越高，每单的价格也越高。然而，如果每月单量无法达到平台企业规定的基础单量，那么外卖骑手的薪酬甚至无法达到平台企业的底薪。又如，网约车平台的抽成比例普遍较高。前几年，某网约车平台对司机的抽成比例可达到20%，甚至有的工单平台的抽成比例更高，能达到50%。近年来，随着众多资本进入网约车平台，网约车的平台抽成比例较之前稍低，然而仍占有较高比例，少则能达到20%，多则能达到35%。

互联网平台的抽成比例直接影响着网约工群体的利益，当互联网平台的抽成比例过高时，网约工劳动者的报酬权益就会受到侵犯。

2. 随意变更劳动者薪酬计算标准侵犯劳动者的报酬权

互联网平台类型多样，有的劳动平台的薪酬计算标准较为固定。例如，外卖平台骑手的薪酬计算标准相对透明，外卖骑手每接一单从中赚取的佣金也较为明确，因此，外卖骑手大致可以计算出每天的接单量与薪酬总额。与外卖平台相比，网约车平台的薪酬计算标准则存在一定的模糊性。不同的订单，网约车平台的抽成比例也不相同，并非完全固定。即使订单价格相同，网约车平台的抽成比例也可能不同，因此，网约车司机接单时，并不知道平台将抽成多少，在一定程度上侵犯了劳动者报酬协商权和报酬知情权。另外，一些网约车平台或第三方公司在经营过程中还存在随时调整最低营运额的情况。网约车司机每天只有超过网约车平台规定的最低营运额之后，才能获得更多奖励。然而，一些网约车平台存在随时调整最低营运额的情况，这种现象严重损害了网约车司机的劳动报酬权。

3. 以扣代罚，以罚代管现象严重

互联网平台为了给客户提供良好的服务体验，对网约工的时间意识要求极为严格。一旦网约工出现超时、客户投诉等现象，劳动平台就会以扣款的方式对劳动者进行管理。

以外卖骑手为例。外卖骑手接单后，系统会根据商家出餐速度和骑手与客户之间的距离自动预估订单送达时间，一旦外卖骑手没有规划好路线导致送餐延时等情况，外卖骑手不但要面临客户取消订单、投诉、给差评等情况,平台企业也会对外卖骑手进行罚款。除此之外,外卖骑手如果工牌佩戴不端正、未按要求着装等,也会面临平台罚款。有时,外卖骑手一单的外卖费用仅几元钱,然而超时罚款却高达100元—500元不等。

网约车平台也存在严重的以罚代管现象,有的网约车平台规定系统派单后,网约车司机必须在规定时间内到达乘客所在地。由于网约车派单多依托系统的大数据技术,尽管大多数系统派单遵循就近原则,然而,有时系统会将远距离订单分配给网约车司机,一旦网约车司机无法在规定时间内到达乘客地点,平台即会对网约车司机进行罚款。

互联网平台企业的以罚代管现象相对突出,在一定程度上影响了网约工群体劳动报酬权的落实。

第三节 新就业形态下劳动者劳动报酬权保护途径探析

从第二节可以看出,新就业形态下劳动者报酬权的保障并没有完全落实到位,在现实生活中仍存在许多新就业形态下劳动者报酬权被侵犯的案例。本节主要对新就业形态下劳动者报酬权保障的落实和保护途径进行详细分析。

一、完善政府立法,保障新就业形态下劳动者劳动报酬权落实到位

(一)落实新就业形态下劳动者的最低劳动报酬权法律法规

劳动者的最低劳动报酬权是劳动者劳动报酬权的重要组成部分,也是我国劳动保障制度中的重要一环,主要基于劳动关系、劳动合同等条件向在法定时间或约定时间内提供了正常劳

动的劳动者支付最低劳动报酬,旨在保障劳动者个人及其家庭成员的基本生活,是一项具有兜底功能的劳动保护政策。

多数外卖骑手、网约车司机等新就业形态下劳动者都属于灵活就业人员,他们未与平台或相关企业签订劳动合同,且其劳动报酬大多采用计件制。在现实劳动场景中,新就业形态下劳动者必须达到平台企业规定的基础任务量才能获得基本工资,然而当劳动者没有完成基础任务量时,劳动者只能获得基本工资。近年来,社会上频频出现劳动者辛苦工作一个月,不仅拿不到工资,甚至还要倒贴钱给平台的新闻报道,这些新闻报道中的涉事平台企业或第三方公司严重侵犯了劳动者的最低劳动报酬权。针对这种现象,2021年9月,北京市就业工作领导小组印发《关于促进新就业形态健康发展的若干措施》,明确将包括美团骑手、滴滴司机等在内的"平台网约劳动者"纳入最低劳动报酬制度保障范围。这意味着,按照北京市2021年8月1日实施的最低薪酬标准2320元/月计算,平台企业向提供正常劳动的"平台网约劳动者"支付的劳动报酬不得低于2320元。

北京市把新就业形态下劳动者纳入最低薪酬制度保障范围,拓展了最低薪酬制度保障边界,是对新型网约劳动关系的进一步确认,也是对灵活就业领域劳动保障制度的逐步完善。

除了地方政府发布的通知和文件之外,2021年,我国人社部等部门发布的《关于维护新就业形态劳动者劳动保障权益的指导意见》《关于落实网络餐饮平台责任切实维护外卖送餐员权益的指导意见》等政策中均对新就业形态下劳动者的最低薪酬保障进行了明确规定。人社部等八部门联合发布的《关于维护新就业形态劳动者劳动保障权益的指导意见》中指出,健全最低薪酬和支付保障制度，推动将不完全符合确立劳动关系情形的新就业形态下劳动者纳入制度保障范围。督促企业向提供正常劳动的劳动者支付不低于当地最低薪酬标准的劳动报酬，按时足额支付，不得克扣或者无故拖欠。引导企业建立劳动报酬合理增长机制，逐步提高劳动报酬水平。[1]人社部、发改委、市场监管总局等七部门提出《关于落实网络餐饮平台责任切实维护外卖送餐员权益的指导意见》则要求平台建立与工作任务、劳动强度相匹配的收入分配机制，确保外卖送餐员正常劳动所得不低于当地最低薪酬标准。

（二）明确互联网平台企业抽成比例

互联网平台企业依托抽成、收取信息费等方式赚取利润。自网约车等互联网平台崛起后，一直存在抽成比例高、随意调价，诱使驾驶员超时劳动、疲劳驾驶等现象，这些现象也成为近年来社会公众较为关注的问题。

2021年，交通运输部会同多部门提出了《关于加强交通运输新业态从业人员权益保障工作的意见》和《关于加强货车司机权益保障工作的意见》，其中指出各地相关部门要督促网约车平台企业加强与经营服务所在地工会组织、行业协会的沟通协商，合理设定抽成比例上限并在移动客户端和媒体上公开发布。督促网约车平台企业在确定和调整计价规则、收入分配规则等经营策略前，公开征求从业人员代表及工会组织、行业协会的意见，并提前一个月向社会公布。这些政策的发布为规范互联网平台企业的经营和薪酬设定的透明化奠定了重要基础。2022

---

[1]《关于维护新就业形态劳动者劳动保障权益的指导意见》，载 https://www.gov.cn/zhengce/zhengceku/2021-07/23/content_5626761.htm，最后访问日期：2024年9月30日。

年 2 月 24 日，交通运输部举行 2 月例行新闻发布会，该发布会上公布，交通运输部将实施交通运输新业态平台企业抽成"阳光行动"。据悉，"阳光行动"聚焦网约车和道路货运新业态两个领域，要求平台企业向社会公开计价规则，合理设定抽成比例上限并公开发布等。

二、加强平台企业责任，保障新就业形态下劳动者劳动报酬权落实到位

新就业平台企业是新就业形态的主体之一，在推动新就业形态经济发展，吸纳社会闲散人员就业，提升社会就业率等方面发挥着不可或缺的作用。新就业形态下，平台企业与劳动者之间的从属关系虽较为薄弱，但仍然较为明确。

新就业形态下劳动者劳动报酬的多少与劳动时间、劳动效率、平台算法、奖惩情况等因素直接关联，要把网约劳动者的最低薪酬保障制度落到实处，这些因素都需要被考量。相关平台在网约劳动关系中处于主导地位，他们应通过优化完善薪酬算法规则，承担最低薪酬保障责任，把最低薪酬发放到位。

新就业形态下劳动者的工作模式呈现多样化特点，然而它们大多采用"按件计酬，多劳多得"的薪酬制度，其目的是提升劳动者的积极性。然而这种薪酬方式却在一定程度上侵犯了劳动者的劳动报酬权。因此，为了保障新就业形态下劳动者的劳动报酬权，平台企业应对现行的薪酬激励制度进行改革。

具体来说，相关网约平台需对最低薪酬制度内的劳动时间、劳动量给出一个合理标准（也即正常劳动标准），并依托该标准以"取中""从宽"为原则制定薪酬算法和考核奖惩规则，确保劳动者在提供正常劳动的前提下能够满足最低薪酬保障条件。

如劳动者提供了正常劳动，所获报酬低于最低薪酬，平台应有薪酬兜底补足机制，保障所有平台劳动者的最低工资权。

三、充分发挥工会的作用，保障新就业形态下劳动者劳动报酬权落实到位

工会在新就业形态中应通过集体协商的方式，确保新就业形态下劳动者劳动报酬权落实到位。针对新就业形态下，平台掌握着抽成比例、薪酬基础单量的特点，工会或行业协会应充分发挥其作用，通过集体协商的方式与企业进行对话和谈判，根据国家法律规定的定额或计件单价标准范围，与平台企业协商计件单价、抽成比例或基础单量。现阶段，一些地方性工会组织，通过实践参与新就业形态下劳动者薪酬制定，为确保新就业形态下劳动者劳动报酬权的落实发挥工会的集体协商作用。

2021年3月3日，广州市总工会举办了《2021年广州市主要行业职工薪酬福利集体协商参考信息》发布会，首次发布"三新"领域"8+N"职工群体薪酬数据。该数据聚焦货车司机、快递员、保安员、护工护理员、家政服务员、商场信息员、网约送餐员、房产中介员等"三新"领域八大职工群体，以及传菜员、洗碗工等岗位职工群体进行薪酬福利调研，通过对新就业形态下劳动者的薪酬调研，为工会发挥集体协商权，确保新就业形态下劳动者的劳动报酬权落实到位奠定了重要基础。《2022年广州市主要行业职工薪酬福利集体协商参考信息》正式发布，参考信息聚焦货车司机、快递员、网约送餐员、网约车司机这4类群体，为下一步更好维护新就业形态下劳动者合法权益提供专业数据参考。

第六章

劳动者职业安全权及其保护途径探索

第一节 劳动者职业安全权的基本理论及法律规定

劳动者职业安全与健康是衡量一个国家社会管理水平和文明程度的重要指标。近年来,随着我国社会经济的不断发展,劳动者在劳动过程中的职业安全权越来越受到社会的重视。本节主要对劳动者职业安全权的概念、特点、意义以及相关法律规定进行概述。

一、劳动者职业安全权的概念、主体及内容

劳动者职业安全权是指劳动者依照法律可以享有的安全保障权利,依据该权利,劳动者在工作过程中可以避免受到危险因素的伤害。[1]

(一)劳动者职业安全权的主体

劳动者职业安全权的主体可以划分为权利主体和责任主体。

---

〔1〕 史庆利:《论劳动者职业安全权的保障》,载《劳动保障世界》2018 年第 11 期,第 31 页。

1. 劳动者职业安全权的权利主体

劳动者职业安全权的权利主体是劳动者，这里所指的劳动者是宪法意义上的劳动者。我国劳动者的职业安全权受到《宪法》保护。除《宪法》之外，我国劳动者的职业安全权还受到《安全生产法》《职业病防治法》《职业安全和卫生及工作环境公约》等一系列法律和法规的保护。

劳动者作为职业安全权的权利主体，除了享有职业安全权益之外，还应承担职业安全义务，主要体现在三个方面：其一，劳动者应对自身在劳动过程中的安全和健康负责。劳动者在劳动过程中必须遵循有关的安全操作制度，正确使用各种劳动防护用品和集体保护工具。其二，劳动者还应对同事和相关人员的安全和健康负责。当发生劳动安全事故时，劳动者应第一时间对同事或相关人员提供力所能及的救助。其三，劳动者在劳动过程中发现危险状况时应及时报告给部门管理者或上级领导。

2. 劳动者职业安全权的责任主体

劳动者职业安全权的责任主体是用人单位和国家。用人单位在劳动中应承担对劳动者的生命权、健康权、身体权、人格尊严权以及人身自由保护权等权利的保护。具体则包括以下几个方面：其一，向劳动者提供符合劳动安全卫生标准的劳动条件；其二，对劳动者进行劳动保护教育和劳动保护技术培训；其三，建立和实施劳动保护管理制度；其四，保障职工休息权的实现；其五，为女职工和未成年职工提供特殊劳动保护；其六，接受政府有关部门、工会组织和职工群众的监督。

国家作为劳动者职业安全权的责任主体之一，应对劳动者职业安全权的落实和保障承担一定的责任和义务。具体包括以下几方面的内容：其一，制定法律法规，建立行业安全标准和安全制度。其二,监督和检查用人单位的职业安全卫生保障落实情况。其三,对用人单位违法行为进行纠正和责任追究。

(二) 劳动者职业安全权的内容

不同国家、不同行业的劳动者职业安全权的内容也不尽相同,从权利性质来看,我国劳动者职业安全权主要可划分为实体性权利和程序性权利两种类型。

1. 劳动者职业安全权的实体性权利

劳动者职业安全权的实体性权利包括以下几个方面的内容。

其一,劳动者获得劳动安全卫生保护的权利。我国《劳动法》中明确规定了劳动者具有获得劳动安全卫生保护的权利,这是我国劳动者职业安全权的基本要求,也是核心内容。用人单位有义务配备符合国家安全卫生规定的劳动设备,且应对劳动过程中使用的各种安全卫生设备进行定期检查、维修和保养,以确保劳动设备在工作中的有效性。除此之外,用人单位还应当为劳动者配发各种适宜劳动者个人或集体使用的防护用具。

其二,劳动者获得职业安全知识技能教育和培训的权利。用人单位应组织劳动者参与安全卫生方面的培训,对劳动者在劳动过程中如何使用安全防护用具,以及相关的安全卫生知识进行培训,提高劳动者的安全知识和技能素养。而劳动者则具有参加用人单位组织的职业安全卫生培训,以及提高自身职业安全素质的义务。

其三,劳动者具有与职业安全相关的抗辩权、避险权和解除权。在劳动过程中,如果用人单位出现违背职业安全理念的违章指挥、强令冒险作业等危及劳动者人身安全的行为时,劳动者可以行使抗辩权,直接拒绝用人单位的不当指令。当劳动者在劳动过程中掌握了工作场所内存在威胁劳动者生命或健康的充分理由或证据时，劳动者可以行使紧急避险权，以躲避潜在的风险。如果在劳动者发现劳动过程中存在不安全因素，而用人单位强令劳动者在不安全环境中工作时，劳动者具有解除权，即单方面解除劳动合同，以保障劳动者自身健康和生命安全。

其四，安全卫生救助权。根据我国《劳动法》《职业病防治法》《安全生产法》等有关规定，当劳动者在劳动过程中受到职业灾害影响，或产生职业病时，劳动者有权获得用人单位、国家有关部门和社会有关机构的积极救助；此外，当劳动者确诊为与劳动相关的职业病时，具有获得积极治疗的权利。

其五，损害赔偿请求权。根据我国《劳动法》《安全生产法》《职业病防治法》《工伤保险条例》《合同法》《最高人民法院关于审理人身损害赔偿案件适用法律若干问题的解释》等有关规定，劳动者在劳动过程中出现工伤后，往往会涉及工伤保险和人身损害赔偿请求权的竞合问题。如果用人单位未能遵循我国法律法规的相关规定，为劳动者提供保障劳动者安全的工作环境而使劳动者的生命健康受到损害时，劳动者除了依法获得工伤保险之外，还具有向用人单位要求赔偿的权利。

2. 劳动者职业安全权的程序性权利

劳动者职业安全权的程序性权利主要包括以下几个方面。

其一，劳动者职业安全卫生知情权。根据我国相关法律法规，劳动者有权利了解劳动岗位或工作场所中可能存在或已然存在的各种危险因素，以及用人单位为劳动者提供的各种安全措施或事故应急措施。劳动者职业安全卫生知情权能够帮助劳动者在劳动过程中防范潜在的风险。劳动者的劳动职业安全卫生权的落实过程中,涉及商业机密或违背国家安全利益和法律法规时,应在保障劳动者职业安全卫生知情权的同时,保障用人单位的权利。

其二,劳动者职业安全卫生参与权。用人单位在劳动者职业安全权落实的过程中担负较大义务,然而劳动者本人也具有参与权。我国现行《劳动法》或相关法律法规中并未涉及劳动者参与安全卫生事务的相关内容,然而,其他许多国家赋予了劳动者参与安全卫生事务决策,以及劳动者与用人单位共同建设安全卫生的职场环境的权利。

其三,劳动者职业安全卫生监督与控告权。我国《劳动法》《安全生产法》等相关法律法规中明确指出劳动者及其代表有权对用人单位的工作场所的安全性进行调查,当劳动者发现劳动过程中或劳动场所中存在不安全因素时,劳动者可以通过职业安全委员会或直接向我国有关部门提起控告,而用人单位则不能因此惩罚劳动者。

二、劳动者职业安全权的保障和救济

劳动者的职业安全权是劳动者享有的一项基本权利,能够保障劳动者的身心健康和职业安全。我国有关法律法规为了保障劳动者职业安全权的落实,制定了一系列保障机制及救济措施。

(一)劳动者职业安全权的保障机制

1. 通过规定劳动时间来保障劳动者的职业安全权

根据相关科学研究,劳动者连续长时间工作极易对劳动者的身体健康产生危害,不利于劳动者职业安全权的实现。一方面，超长时间的劳动易引发劳动者的身体疲劳感，而身体疲劳则会对劳动者的情绪产生不良影响，从而引发抑郁、沮丧；另一方面，长时间超负荷劳动会增加劳动者患心脑血管疾病、慢性感染疾病、抑郁症等疾病的风险，甚至增加猝死的风险。除此之外，超长时间劳动还易造成劳动者的睡眠时间不足，而缺乏睡眠则会损害劳动者的内分泌系统和免疫系统，从而导致劳动者身体机能的紊乱。

为了保障劳动者的职业安全权落实到位，我国相关法律法规对劳动者的工作时间进行了明确规定。我国《国务院关于职工工作时间的规定》中明确规定，我国实行8小时工作制，劳动者每天工作时间不超过8小时，每周工作时间不超过40小时。此外，我国《劳动法》中对工作时间的延长进行了具体而明确的规定。对于灵活就业人员以及妇女、儿童等劳动者的劳动时间也进行了明确规定。

2. 通过工作场所设施规范保障劳动者的职业安全权

劳动者在劳动过程中出现职业安全风险的原因，一般与物的因素和人的因素相关。其中，物的因素多与劳动者工作设备、物质、环境和防护用品等有关，而人的因素则多指劳动者在劳动过程中违反了相关安全操作的要求。因此，提高劳动场所设施的安全性和规范性，能够降低劳动风险，从而达到保障劳动者人身安全的目的。

根据我国《劳动法》《安全生产法》和《职业病防治法》等有关法律法规规定，用人单位应为劳动者提供用于安全生产的设备、工具、原材料和防护器具，同时应配备急救、医疗等保障劳动者安全和健康的设备，确保劳动者工作场所安全。

3. 通过行使抗辩权、避险权与解除权的方式落实劳动者职业安全权

根据我国《安全生产法》《职业病防治法》《劳动合同法》等法律法规，当劳动者所在的工作场所发生了危及劳动者身体健康和生命安全的事件时劳动者才能够行使抗辩权、避险权与解除权。

（二）劳动者职业安全权的救济机制

根据我国相关法律法规，我国现阶段已建立了一套较为完善的职业安全权救济渠道。当劳动者的职业安全权被侵犯后，劳动者可通过法律手段维护职业安全权。

1. 职业安全权的工伤赔偿救济机制

根据我国相关法律法规，用人单位应保护劳动者在劳动过程中的生命和健康。当劳动者在劳动过程中受到某种职业伤害，对劳动者的身体健康，甚至生命造成威胁时，劳动者的职业安全权即处于被侵犯的状态。当劳动者的职业安全权处于被侵犯的状态时，劳动者除了需要遭受肉体上的痛苦和精神上的折磨之外，往往还面临着较大的经济负担。

我国相关法律法规认定的劳动者在工作时间、工作场所产生的工伤损害包括因工受伤、残疾、死亡、各种急慢性职业疾病，等等。然而，当劳动者在工作场合和工作时间发生因故意犯罪、酗酒或吸毒、自残或自杀等行为时，劳动者所形成的身体损伤或生命损害则不能被认定为工伤。根据《民法典》《职业病防治法》等法律法规的有关规定，当劳动者被认定为工伤后，劳动者有权依法要求用人单位给予赔偿，以保护劳动者的职业安全权益。

2. 职业安全权的工伤保险救济机制

为了保障劳动者职业安全权的落实，我国还通过落实工伤

保险制度，对在劳动过程中受伤的劳动者进行救济。工伤保险以保障受伤劳动者的基本生活为目的，一般而言只要符合工伤认定条件的劳动者，在发生工伤事故后均能够及时得到补偿。然而，现阶段，我国的工伤保险认定存在认定流程较多，耗时较长的情况，还存在工伤认定范围狭窄，工伤预防和恢复功能较为薄弱的特点。灵活就业劳动者一般较难缴纳工伤保险，在出现工伤损害后，灵活就业人员一般较难获得工伤保险赔偿。

3. 职业安全权的公益诉讼救济机制

根据我国相关法律法规的规定，当劳动者的职业安全权受到损害，而用人单位却并未给予工伤赔偿时，劳动者可以通过劳动仲裁或诉讼的方式要求用人单位履行相应的义务，给予劳动者工伤赔偿，以维护劳动者的职业安全权。

4. 职业安全权的刑法保护机制

职业安全权属于基本权利的范畴，需要进行全方位的法律保护。为了更好地保护劳动者的生命安全和健康安全，减少劳动者在劳动过程中所受的职业伤害，对用人单位违反劳动者职业安全权的行为进行处罚，我国将在劳动过程中造成重大伤亡事故或其他严重后果的行为规定为犯罪并列入《刑法》，以对用人单位进行震慑，引导用人单位重视劳动者的职业安全权并落实到位。

第二节 新就业形态下劳动者职业安全权保障研究

新就业形态下劳动者极大地受到平台算法的制约，许多新就业形态下劳动者为了获得更多订单，常常在出现边行驶边接单，或超长时间在线工作的现象。新就业形态下劳动者的这些行为不利于劳动者的健康安全。本节主要对新就业形态下劳动者职业安全权保障进行详细分析。

一、新就业形态下劳动者职业安全权保障现状

新就业形态下劳动者面临着长时间超负荷工作、饮食不规律、交通事故频发、身体损伤严重等真实状况。

（一）长时间超负荷工作

新就业劳动平台企业为了激励和刺激劳动者多接单，往往设置阶梯形的奖励机制。劳动者需要达到不同的奖励门槛，才能获得该门槛的奖励收入。

以某外卖平台为例。某外卖平台规定外卖骑手每月必须达到500单以上才能获得一定金额的底薪，如果达不到500单，外卖骑手则无底薪收入。在500单之上，外卖平台又设置了多档奖励门槛。外卖骑手受外卖平台企业的薪酬算法所限制，必须接更多单才能获得更多收入。一般来说，外卖骑手每单收入大约在7元至8元之间，外卖骑手要达到月入上万元必须每天工作14小时以上。如此长时间超负荷的工作，使外卖骑手的身体和精神处于长期疲惫的状态。又如，在一线城市，网约车司机如果想达到月入上万，每天必须工作12小时以上。除此之外，网约车司机通常还需要自己缴纳油气费用，承担汽车保养、保险等支出。外卖员也需要自己承担保险费用。再如，快递员作为新就业形态下劳动者的代表，上班时间一般是早上6点半到晚上7点。除此之外，当个别客户因故需要晚送时，快递员还需要加班。

新就业形态下劳动者的休息时间一般较其他传统正规行业少，大多数网约工每月休息4天，有的网约工甚至一个月只能

休息 2 天。长期超长时间的紧张工作，对新就业形态下劳动者的健康产生潜在威胁。近年来，媒体频繁报道网约工由于过度劳累而猝死的事件。2017 年，网约车司机王某在连续多天未曾好好休息的情况下，又于当天连续工作数小时，在等待平台派单时回家短暂休息，结果一睡不起，经抢救无效死亡，死亡原因为心源性猝死。2020 年 1 月 1 日，深圳网约车司机孙某于 22 时 52 分完成订单后，乘客正常下车，不久后孙某却在车上猝死。2021 年 9 月，苏州某网约车司机猝死。2021 年 10 月，四川某网约车司机猝死。2021 年 11 月，陕西西安、山东青岛、山西太原各有一名网约车司机猝死，等等。网约车司机猝死人数越来越多，与网约车司机长期久坐在狭小的驾驶空间内，饮食不规律，且长时间承担较强的工作负荷之间不无关系。

（二）饮食不规律

新就业形态下的劳动方式，往往依托平台派单方式进行。平台派单的时间则与客户下单时间息息相关。现代社会经济发展越来越快，人们的生活越来越丰富，客户随时随地可能下单，而平台则根据客户的下单时间随时进行派单。依托互联网平台进行工作的网约工在系统派单后，需要在规定时间内接单、送单，才能获得客户的好评和相应的薪酬。否则，一旦在规定的时间内无法满足客户的要求，客户可能会给出差评，从而直接影响网约工的薪酬。

在互联网平台的这种工作模式下，网约工需要随时接单。以外卖骑手为例，一般而言，午餐和晚餐时期的订单量最多，外卖平台企业往往对外卖骑手高峰时段的在线时长有着严格规定，而外卖骑手为了多接单，一般会在午晚高峰时段上线接单。往往只能等高峰时段过去后，才匆匆忙忙吃饭。而如果外卖骑手正在吃饭时遇到系统派单，外卖骑手往往会选择先接单再吃饭。除了外卖骑手之外，网约车司机也是如此。由于系统随时都可能派单，而在接单途中，网约车司机无法用餐，只能在接送乘客间隙匆忙用餐。另外，为了尽量在高峰时段多接单、冲单，以外卖骑手和网约车司机为代表的网约工往往饮水较少。网约工劳动者长期处于饮食不规律、缺少饮水的状态下，会引发肠胃疾病、营养不良、贫血，以及痛风等问题，这威胁着网约工的身体健康，使网约工面临着较高的职业风险。

（三）交通事故频发

新就业形态依托互联网技术和大数据技术，能够较为精准地计算出网约工与客户之间的距离，并根据这一距离推算出网约工到达客户处所使用的时间，并以此作为依据对网约工进行严格要求。

以外卖骑手为例。外卖骑手的工作流程较为简单，一般为"抢单—等待出餐—配送—上楼送餐"。客户在外卖平台下单后，外卖平台系统可以根据客户下单的时间、餐厅出餐的时间、外卖骑手的平均取餐时间和送餐时间，较为精准地计算出外卖骑手将餐品送达客户手中的时间。而有时系统所计算的时间是根据直线距离计算的，而骑手在送餐时往往无法通过直线距离送达，由此造成时间延误。外卖骑手的工作流程虽然简单，但是从等出餐到配送，再到送餐的每一个过程均可能面临突发状况。例如，外卖骑手在送餐时还面临着餐厅出餐慢，餐厅工作人员因弄错订单而重新制作，电动车损坏或没电等突发状况。而在送餐时，外卖骑手往往又面临着写字楼或小区内不允许骑手乘坐电梯或不允许骑电动车进入小区，甚至客户写错地址等突发状况。由于外卖平台算法无法将这些突发状况所耗费的时间考虑在内。外卖骑手在突发状况挤占了送餐时间后，只能在更短的时间内将餐食送到客户手中。为了在规定时间内到达指定位置，外卖骑手常常在路上飞速行驶，极易发生交通事故。此外，外卖骑手由于长时间日晒易引发皮肤病，长期不戴护具出行还易患风湿病，以及风寒感冒、支气管炎等疾病。

除了身体上面临的职业安全隐患之外，网约工往往还面临着职业心理安全隐患。网约工的职业心理安全受到多种因素的影响（表6-1 网约工职业心理安全影响因素一览表）。以外卖骑手为例。近年来，社会上针对外卖骑手的歧视现象数不胜数。如某些写字楼不允许外卖骑手乘坐电梯，外卖骑手必须爬数层甚至十数层楼为客户送餐。又如，一些客户要求外卖骑手帮忙买东西，扔垃圾下楼等，一旦外卖骑手拒绝，则面临着客户打差评或投诉的风险。而一条差评，可能让外卖骑手损失10元至20元，一条投诉则可能让外卖骑手损失上百元。因此，许多外卖骑手常常面临受歧视、被差评、被投诉等心理压力。

表6-1 网约工职业心理安全影响因素一览表

序号	因素
1	担心被催单
2	客户或商家的不理解
3	担心超时会被投诉
4	担心被顾客辱骂或殴打
5	由于未签订劳动合同，未购买保险而担心未来
6	担心工作时出事故而无法获得赔偿
7	工作时间长，工作量大

续表

序号	因素
8	请假难
9	担心收入过低
10	担心被领导或同行责骂
11	担心社会职业偏见
12	担心不被家人认可
13	担心未来工作会被人工智能代替

二、新就业形态下劳动者职业安全权落实不到位的原因

新就业形态下劳动者面临着较大的劳动风险，职业安全权落实不到位主要受劳动者个人因素、企业因素、政府因素、工会因素等多方面影响（见图 6-1 网约工职业安全保障影响因素）。

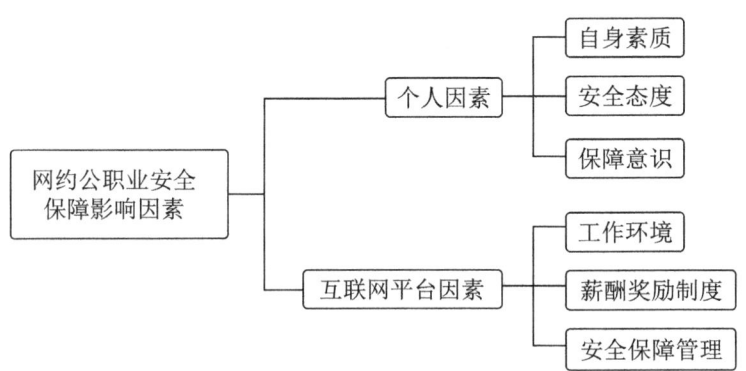

图 6-1 网约工职业安全保障影响因素

（一）个人因素

个人因素是造成网约工面临较高职业安全风险的重要因素

之一。网约工个人的自身素质、安全意识、保障意识等都会对网约工职业安全产生十分重要的影响。

1. 网约工的自身素质

网约工的自身身体素质越好,知识水平越高,则越重视身体和心理健康。如果网约工的身体素质较好,工作中一般能够承受较重的工作压力。而身体素质较好的网约工在平时较为注重身体锻炼,在遭遇突发事件时反应更加灵敏,即便发生危险状况,也能够妥善进行处理。网约工受平台算法的限制,长期面临着较大的工作压力,且工作较为枯燥,工作环境较为嘈杂,易产生严重的心理压力。而如果网约工的心理素质较好,则可以在工作中及时释放和排解不良情绪,从而确保网约工心理健康。相反,如果网约工的身体素质和心理素质较差,长期在高强度的环境下工作,网约工身体和心理安全极易受到影响。

2. 网约工的安全意识

网约工的安全意识是影响网约工职业安全的重要因素。如果网约工具有较高的安全意识,掌握了较丰富的安全知识,在工作中一般较关注工作时间,一旦工作时间较长,身体发出疲惫信号后即会适当休息。另外,如果网约工具有较高的安全意识,则其一般会遵守交通规则,不因平台算法规定的时间即将到达而闯红灯,从而在一定程度上保障了网约工的职业安全。此外,如果网约工具有丰富的安全知识,在遭遇突发状况时往往能够科学地保护自己,减轻对自身健康的伤害。相反,如果网约工不注重安全,较少遵守交通规则,那么,则易发生由于网约工强闯红灯、车速过快等引发的交通事故,进而对网约工的安全产生威胁。

3. 网约工的保障意识

如果网约工的保障意识较强,一般会与互联网平台或第三方公司签订合同。即便互联网平台不给网约工缴纳各种保险,网约工自己也会缴纳保险。一旦网约工出现突发事故,则会获得相应的保障。

综上所述,网约工自身的身体素质、安全态度和保障意识与网约工的安全保障之间存在着紧密联系,网约工的身体素质越好、安全态度越积极,保障意识越强,在平时的工作中则越能够做好各方面的安全保障,从而降低职业安全风险。

(二) 互联网平台因素

互联网平台既是网约工的组织者,也是管理者。互联网平台企业为网约工劳动者提供的工作环境、薪酬奖励制度、安全保障管理等直接关系网约工的职业安全系数。

1. 工作环境

一般而言,互联网平台为网约工提供的工作环境越好,条件越优越,安全设备越齐全,那么网约工的职业安全保障则能够得到较好地落实。

以外卖骑手为例。外卖骑手的工作环境一般在市内道路等场所。外卖骑手由于在道路上行驶时还需要随时接单,存在较大的安全隐患。对此,一些外卖平台企业为外卖骑手配备了智能耳机,以便外卖骑手在行驶过程中使用智能语音通话,避免外卖骑手在骑行中手持电话,从而为外卖骑手创造更加安全的工作环境,降低外卖骑手的职业安全风险。除此之外,许多外卖平台企业还为骑手配备了头盔与护膝,以降低骑手的职业安全风险。

2. 薪酬奖励制度

新就业形态下劳动者的职业安全风险与互联网平台企业的薪酬奖励机制之间存在着较为密切的关系。

以外卖平台为例。外卖平台以严格的算法系统作为支撑，能够较为精准地控制外卖骑手的服务时间。外卖平台根据距离长短，以及当地的交通状况，能够比较精准地规划骑手送餐时间，从而要求外卖骑手在系统规定的时间内将餐品送达客户手中。一旦外卖骑手超时，他们不仅面临着客户的差评和投诉风险，还面临着系统减少派单、停止派单等风险。在外卖平台企业的算法系统下，外卖骑手往往只能"赶"时间，不仅要跑步进小区、跑步上楼，还要在路上争分夺秒。

与算法系统相配合的还有一整套严格的考核机制：一方面，外卖平台以"按单计价"激励外卖骑手尽可能多地接单和送单。外卖骑手为了获得更高薪酬，只能提高接单量，节省每单送单时间。在这种薪酬奖励制度下，外卖骑手极易为了提高接单量而延长工作时间，长期处于极限和超负荷的工作状态，极大地提高了外卖骑手的职业安全风险。另一方面，平台通过准时率、差评率、配送原因取消单量等考核严格约束骑手。准时率的降低，意味着外卖骑手在平台的算法中失去"接单优势"，也会在内部排名中降低名次，无缘各类奖励。外卖骑手为了获得平台的各种奖励，往往会想方设法加快送餐速度，为了缩短配送时间，有的外卖骑手常常铤而走险，做出违反交通规则的行为，在无形中增加了外卖骑手的交通风险。

3. 安全保障管理

互联网平台作为用人单位，对劳动者具有组织和管理的义务。然而，互联网平台未完全担负起应有的责任，导致其对劳动者的安全保障管理不到位。

以外卖骑手为例。外卖骑手在外卖平台的严格算法和严格考核机制下，为了多接单，减少派单时长，常存在闯红灯、逆行、骑车时看手机等不良行为。这些不良的驾驶习惯不仅不利于外卖骑手自身的安全，而且还严重危害其他路人的人身及财产安全。然而，外卖平台企业却并未真正承担起相应的责任，对外卖骑手的安全保障管理较为松懈。

第三节 新就业形态下劳动者职业安全权保护途径探析

新就业形态下劳动者职业安全权保障的落实，需要政府、平台企业和工会以及网约工等群体的共同努力。

一、充分发挥政府部门的主导作用

政府在新形态经济发展中起主导作用，在鼓励和推动新形态经济快速发展的同时，也应进一步推动劳动者权益的落实，加强劳动者各方面权益的保障，从而推动新形态经济和谐、健康的发展。

（一）完善相关法律和政策制度

针对新就业形态下劳动者职业安全权益落实不到位的现象，政府有关部门应进一步完善相关法律法规，健全新就业形态下劳动者职业安全保障的规章制度，从而保障新就业形态下劳动者的职业安全权。

具体来说，一方面，应将包括新就业形态下劳动者在内的灵活就业劳动者纳入《劳动法》的保护范畴，扩大《劳动法》

的覆盖范围，在法律制度层面重视劳动者各项权益的落实情况。另一方面，政府相关部门应尽快出台规范和引导新就业形态平台企业的规章制度，以加强对劳动者的安全保护。

以外卖平台为例。早在2018年，针对外卖骑手行驶速度过快、闯红灯等违反交通规则的行为，公安部交通管理局联合中国物流与采购联合会、美团点评、饿了么、百度外卖等企业，下发了《关于警企共治创新外卖行业电动自行车交通违法治理工作的通知》（以下简称《通知》）。该《通知》中规定建立信用惩戒机制，每月通报外卖行业电动自行车闯红灯、逆向行驶、占用机动车道等严重交通违法行为以及伤亡交通事故信息，督促企业加强内部管理，进行叠加处罚，并推送中国物流与采购联合会共享配送联盟纳入全行业信用管理平台。该《通知》下发后，各地方的交通管理部门纷纷出台相关政策，引导外卖企业实行"一人一车一证一码"等制度，加强内部外卖骑手的管理。

2020年，广东佛山地区建成了近百个固定交通安全教育点，加大对外卖快递骑手等群体的交通安全教育力度，对于员工交通违法较多、交通安全管理薄弱的外卖企业，佛山公安交警组织约谈企业负责人。

2021年，《关于维护新就业形态劳动者劳动保障权益的指导意见》中提出："健全并落实劳动安全卫生责任制，严格执行国家劳动安全卫生保护标准。企业要牢固树立安全'红线'意识，不得制定损害劳动者安全健康的考核指标。要严格遵守安全生产相关法律法规，落实全员安全生产责任制，建立健全安全生产规章制度和操作规程，配备必要的劳动安全卫生设施和劳动防护用品，及时对劳动工具的安全和合规状态进行检查，加强安全生产和职业卫生教育培训，重视劳动者身心健康，及时开展心理疏导。强化恶劣天气等特殊情形下的劳动保护,最大限度减少安全生产事故和职业病危害。"

2022年,南昌交警启用了新的外卖快递行业分色分级管理平台,将闯红灯、遮挡号牌等行为纳入评级机制。其中规定,外卖快递骑手只要有下列行为之一,即会被评定为红标骑手(表6-2 网约车司机不良驾驶行为一览表)。

表6-2 网约车司机不良驾驶行为一览表

序号	不良驾驶行为
1	发生饮酒驾驶的
2	驾驶遮挡电动车号牌,使用假牌、套牌、无牌电动车上路的
3	闯红灯的
4	驾驶电动自行车违反交通管制的规定强行通行,不听劝阻的
5	驾驶改装、拼装、加装的电动自行车上道路行驶的
6	改动或者拆除电动自行车限速装置的
7	其他需列入项

被评定为红标骑手后,骑手所在的平台企业须对其进行警示和约谈,此外,平台企业还须组织红标骑手集中学习相关的交通法律法规知识,到街面参与交通志愿服务3天。对4起以上违法的红标骑手,要求骑手所在平台企业停止向该骑手派单。只有取消红牌后,相关平台企业才能恢复向该骑手派单。

又如,网约车平台领域。早在2016年,我国交通运输部、工信部等七部委即联合颁布了《网络预约出租汽车经营服务管理暂行办法》。该办法第16条规定,当网约车发生交通事故时,网约车平台公司承担承运人责任,应当保证运营安全,保障乘客合法权益。其中，明确指出了网约车平台企业在发生事故时应承担的责任。

除以上政策之外，近年来我国部分地区还针对灵活就业人员的职业安全权益保障，进行了一系列探索，各地相继出台了一系列政策文件（见图 6-2 地方新业态从业人员职业伤害保障政策一览表）。

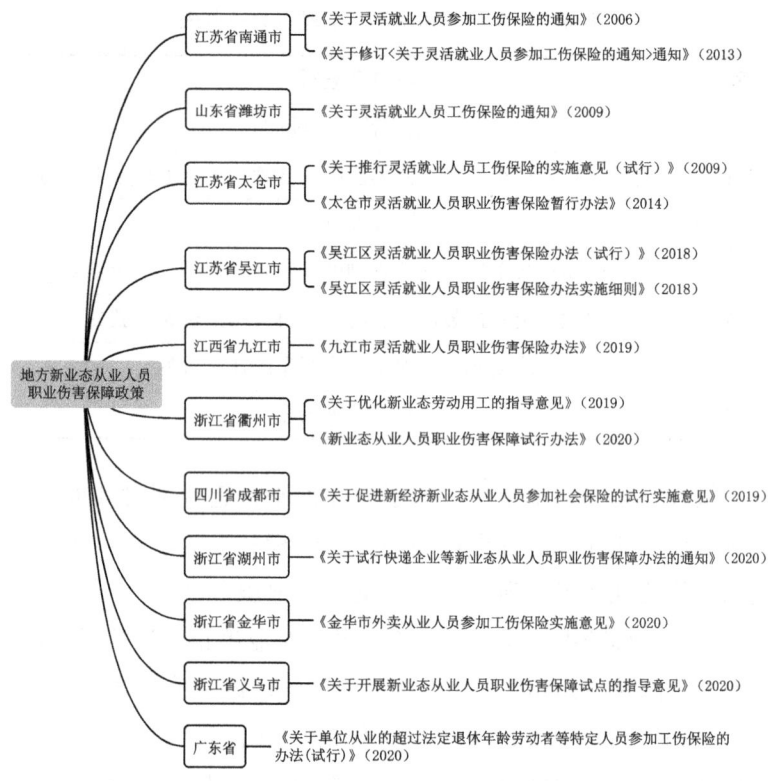

图 6-2 地方新业态从业人员职业伤害保障政策一览表

现阶段，随着我国各地灵活就业人员职业伤害保障措施的实施，我国现阶段已形成了三种灵活就业人员职业伤害保障模式，即直接纳入工伤保险模式、设立职业伤害保险模式和"1+1"模式（见表6-3、6-4、6-5）。

表6-3 直接纳入工伤保险模式一览表

试点地区	山东省潍坊市、四川省成都市、浙江省金华市、义乌市、东阳市和广东省
参保对象	1.山东省潍坊市：各类灵活就业人员；2.浙江省金华市：外卖配送人员（未参加工伤保险）；3.广东省：新业态从业人员
缴费标准	1.山东省潍坊市：缴费费率按二类行业基准费率（1%）收取；2.浙江省金华市：基准费率按二类档次确定为0.4%；3.广东省：按行业基准费率和浮动费率规定执行
参保方式	1.山东省潍坊市：与职工保险费同步缴纳；2.浙江省金华市：一次性缴清一个周期的相关保险费；3.广东省：单项工伤保险方式参保
工伤认定	1.山东省潍坊市：根据《工伤保险条例》的相关规定；2.浙江省金华市：根据《工伤保险条例》《浙江省工伤保险条例》等规定
待遇保障	1.山东省潍坊市：依照《工伤保险条例》规定；2.浙江省金华市：一次性工伤医疗补助金和一次性伤残就业补助金；3.广东省：按照伤残程度执行不同标准
承担主体	新业态企业、从业人员以及政府

表6-4 设立职业伤害保险模式一览表

试点地区	江苏省南通市、太仓市、苏州市吴江区和江西省九江市
参保对象	1.江苏省南通市：参加了养老保险或医疗保险的灵活就业人员；2.苏州市吴江区：灵活就业人员；3.江西省九江市：未被纳入工伤保险的灵活就业人员

续表

缴费标准	1. 江苏省南通市：保险费率暂定为0.5%；2. 苏州市吴江区：每人每年180元，财政补助每人每年120元；3. 江西省九江市：每人每年180元
参保方式	1. 江苏省南通市：纳入工伤保险基金；2. 苏州市吴江区：政府主导、保险公司承办的模式
工伤认定	1. 江苏省南通市：《工伤保险条例》中规定的部分人员；2. 苏州市吴江区：劳动能力鉴定委员会划分伤残等级，享受不同等级的保障；3. 江西省九江市：突发的、非本意的、非疾病的事故伤害
待遇保障	1. 江苏省南通市：依照《工伤保险条例》规定，一次性支付；2. 苏州市吴江区：一次性领取医疗费、伤残补助金、伤残津贴、身故补助金等
承担主体	个人、商业保险公司

表6-5 "1+1"模式一览表

试点地区	浙江省衢州市和湖州市
参保对象	外卖、快递配送等新业态从业人员
缴费标准	1. 浙江省衢州市：实行浮动费率；2. 浙江省湖州市：单项工伤保险22.14元
参保方式	按月缴费
工伤认定	1. 由发生事故时正在送单的派单企业承担工伤保险责任；2. 按照《工伤保险条例》《浙江省工伤保险条例》规定执行
待遇保障	参加工伤保险单险种的，按照工伤保险的相关规定享受待遇，参加补充商业保险的，企业和商业保险公司共同承担责任
承担主体	新业态企业、政府和商业保险公司

综上所述，现阶段，我国有关地区和部门已注意到新就业

形态下劳动者职业安全权益落实不到位的情况,并出台了一系列指导意见和规章制度。然而,现阶段我国灵活就业劳动者职业安全保障的探索散布于各个地区,具有一定的区域局限性。

(二) 加强政府有关部门对平台企业的监督

新就业形态下,为了保障新就业形态下劳动者的职业安全权等合法权益,政府在完善相关法律法规的同时,还需要对平台企业进行监督,引导相关企业加强对劳动者职业安全权的重视,提高相关平台企业的社会责任感。

以外卖平台为例。例如,南京市交通管理部门在对违反交通法规的外卖或快递骑手进行分色分级管理的同时,加强了对涉事平台企业的监督和管理,督促相关企业整改。其一,涉及各企业的红黄标骑手,南昌交警已抄告相关企业,并督促相关企业对红、黄标骑手进行警示提醒,组织黄标骑手开展交通法规培训,并将相关资料上传管理平台。其二,督促红标骑手到交治站学习,红标众包骑手,按最后接单记录划归派单公司管理,要求相关公司抓好落实。其三,督促各企业落实每周的交通安全宣教要求。其四,发生伤人事故的美团、饿了么两家企业,南昌交警将对企业负责人进行警示约谈。南京市交通管理部门对违反交通规则的外卖或快递平台企业的监督和管理,能够有效督促相关平台企业切实担负起保障劳动者职业安全的职责。

二、进一步加强企业的责任担当

新就业形态平台企业作为用人单位,对劳动者负有组织和管理的责任,应当切实担负起保障劳动者职业安全权的相关责任。近年来，在国家有关部门的监督和引导下，一些大型互联网平台企业开始采取措施，从各方面保障劳动者的职业安全权的落实。在这里主要以外卖平台为例进行详细论述。

外卖骑手作为新就业形态的主要就业方式之一，在全国各地的劳动者数量达数千万人。这一庞大的外卖骑手群体的职业安全，需要各外卖平台切实担当起相应的责任，从各方面降低外卖骑手的职业风险，为外卖骑手构建良好的职业安全保障体系。

（一）落实外卖骑手的人身安全保障

2020年，某外卖平台指出未来将升级智能调度配送系统，在配送时间和任务分配上为骑手提供更多弹性；开发能够保护骑手安全的算法及技术；完善骑手评估模型，将安全指标及其他综合因素列入考虑范围；加大在骑手家庭医疗保健及教育等方面帮扶的投入。

2021年，某外卖平台上线骑手安全中心、持续投放智能安全头盔，提升骑手安全守护水平。并且为全国配送站点配置"同舟守护$1m^2$"，并向全行业外卖骑手、快递配送员、环卫工人等人群开放。

（二）落实外卖骑手的心理安全保障

外卖骑手作为一种新型劳动岗位，尽管近年来取得了较大发展，然而，外卖骑手在社会上却面临着种种歧视，极大地影响着外卖骑手的心理健康。为此，一些外卖平台企业除了保障外卖骑手的身体健康安全权之外，还从各方面提升对外卖骑手的心理安全保障。以某外卖平台企业为例。该外卖平台企业作为全国最大的外卖平台企业之一，将每年7月17日设为"骑士节"，在骑士节当天组织外卖骑手参加庆祝活动。2021年某外卖平台宣布成立骑手服务部。福利方面，某外卖平台联合全国超过 2200 家餐厅为骑手提供长期专属折扣餐及节日期间的免费骑手餐，同时为骑手发放观影、游园、K 歌等骑手专属优惠权益。又如，深圳某外卖平台为外卖骑手设立了专门的骑手驿站。外卖骑手驿站中配备了饮水机、桌椅等设备，以及书籍、药箱，电动车停放区和充电区，便于外卖骑手临时歇息或当外卖骑手遇到意外事件时，为外卖骑手提供便利。除此之外，骑手驿站还可以对外卖骑手进行消防、急救等安全技能培训，培养和提升外卖骑手的应急技能。骑手驿站不仅是外卖骑手日常休息的去处，还是外卖骑手举行节庆活动的场地。这些措施均在一定程度上加强了外卖骑手的组织归属感，能够增强外卖骑手的凝聚力，提高外卖骑手的心理安全感。

(三) 加强外卖骑手的安全培训

近年来，各地政府对外卖骑手的交通安全要求越来越重视，出台了一系列规范外卖骑手交通安全的规章制度。外卖平台企业也进一步加强了对外卖骑手的安全培训。例如，某外卖平台企业所有新骑手入职上岗前都要通过非机动车相关的交通安全考试，上岗后手机 APP 会不定期推送交通安全知识，满分后才能接单。该外卖平台企业日常还有每周两次的早会，强调近期发生的交通安全问题，做记录留档，以此督促外卖骑手注重交通安全规则，提高外卖骑手的安全意识。

外卖骑手职业安全权益的保障，还与外卖骑手的薪酬激励方法以及平台算法之间存在着千丝万缕的联系。从根本上保障和落实外卖骑手的职业安全权，外卖企业应当进一步优化平台算法，改革外卖骑手的薪酬激励制度。现阶段，某些外卖平台龙头企业已经开始就外卖骑手算法等进行改革。例如，2022 年，美团外卖平台发布的《2021 年度美团外卖平台骑手权益保障社会责任报告》围绕劳动保障、算法取中、沟通机制、劳动安全四方面，综合阐述过去一年的骑手权益保障举措。除了外卖骑手群体之外，近年来，网约车平台企业等也开始承担起企业相应的责任，从各方面完善网约车的安全体系，以保障网约车司机和乘客的安全。

三、提高新就业形态下劳动者的职业安全保护意识

新就业形态下的劳动者职业安全保护意识相对不高，维权意识不足，维权难度较大，这些均是阻碍新就业形态下劳动者职业安全权落实的因素之一。对此，新就业形态下劳动者应加强自身的职业安全保护意识，提升劳动者自身的安全素质，保障劳动者自身的职业安全。除此之外，工会作为劳动者的组织，拥有与企业进行谈判的权利。新就业形态下劳动者大多职业安全保护意识较差，工会组织应当重视新就业形态下劳动者的各项权益，并积极寻求与企业进行谈判的方式，就劳动者职业安全权的保障与落实与平台企业进行谈判，以维护新就业形态下劳动者的职业安全权益。除此之外，针对新就业形态下劳动者职业安全权遭到侵犯之后维权较难的情况，工会组织应积极伸出援手，通过各种形式对劳动者给予帮助，以维护劳动者的职业安全权益的落实。

第七章

劳动者休息权及其保护途径探索

第一节 劳动者休息权的基本理论及法律规定

休息权是劳动者的基本权利之一，也是现实生活中容易被忽视的权益。本节主要对劳动者休息权的基本理论和法律相关规定进行分析。

一、劳动者休息权的基本含义与内容

劳动者在劳动中付出一定体力或者脑力消耗，根据法律制度规定而享有的用以恢复和维持身体机能健康运转的权利，包括休整权、休假权、休闲权等，总称为休息权。[1]

休息权是劳动者作为社会公民的基本权利，也是劳动者休养休息的权利。劳动者的休息权能够保障劳动者在劳动过程中消耗的体力和精力得以恢复，缓解疲劳，从而使劳动者以较好

---

[1] 张雅茹：《劳动者休息权保障如何规范》，载《法制博览》2017年第3期，第84~86页。

的状态重新投入工作。同时也可以使劳动者利用休息时间与家人、朋友相处、学习、进修，处理个人事宜等。

休息权并非所有公民均享有的权利，而是劳动者才享有的权利。劳动者休息权既是一项基本权利，也是劳动者的法定权利。我国劳动者的休息权受《宪法》保障。根据我国法律法规的相关规定，劳动者的休息权主要包括休息休养权、休假权和安宁权等内容。

（一）劳动者的休息休养权

劳动者在劳动过程中不可避免地消耗大量体力和精力，而劳动者的休息休养权则具有消除劳动者工作劳累的重要作用，从而有利于劳动者恢复体力和脑力，并调节自身状态，以期达到理想的工作效果。由此可见，劳动者的休息休养权是劳动者休息权的应有之义。

这里所指的休息权是指劳动者在一天当中连续劳作一定时间之后，应当暂停手头工作，进行适当休息和调整的权利，即劳动者在工作时间之外的休息权利。

休养权则是指劳动者在休息的基础上通过借助多样化的休闲活动，或静态休息的方式充分利用或享受工作之外闲暇时间的权利。这里所指的休养权是一种更高层次的休息，也是劳动者休息权的重要体现。

（二）劳动者的休假权

劳动者的休假权是劳动者休息权的重要组成部分，同时，也是受法律保护的劳动权益。《劳动法》以法律条文的形式对劳动者的休假权进行了明确规定。

劳动者的休假权是指劳动者在连续工作一周，或者一段时间后所享有的每周休息一天或多天的权利。除此之外，劳动者还具有在国家法定节假日进行休假的权利。

(三) 劳动者的安宁权

劳动者的安宁权是指劳动者在休息时所享有的免受他人非法干涉和骚扰的权利。劳动者的安宁权是劳动者休息权的重要组成部分，也是劳动者进行休息、休整和休假的保障，是更高层次的休息权的体现。

二、我国劳动者休息权制度的立法状况

我国劳动者的休息权主要体现在《宪法》和《劳动法》之中。《宪法》是我国的根本大法，在我国法律体系中具有不可替代的地位和作用。《宪法》的目的之一是保障公民的基本权利。我国《宪法》第 43 条明确规定劳动者休息权是我国公民的基本权利之一。除了《宪法》之外，《劳动法》第 36 条和第 45 条对劳动者的工作时间、休息时间也进行了明确规定。

(一) 工作时间

工作时间是指劳动者在规范的劳动关系及用人单位规定的生产场所中进行正常生产工作所用的时间。

现阶段，我国实行 8 小时工作制。除此之外，我国相关法律法规也对不定时工作制和综合计算工作制进行了规定。我国法律还对用人单位需要增加劳动者工作时长时的特殊情况进行了规定，只有经过与工会和劳动者本人商讨并获得工会和劳动者本人同意后，用人单位才能安排劳动者加班。否则，用人单位在不与工会和劳动者本人协商的情况下强制要求劳动者加班属于违法行为。

在实际生产过程中，用人单位有时无法避免安排劳动者在

休息时间加班的情况。我国《劳动法》对加班的替代补偿形式进行了规定。其中指出，用人单位在劳动者本该休息的时间里要求劳动者上班的，应优先弥补劳动者的休息时间，补休时长一般根据加班时长确定。节假日加班一般不安排补休。除了补休之外，我国《劳动法》还规定除特殊情况外，用人单位还需要向本应在休息时间加班工作的劳动者支付报酬。

（二）休息时间

《劳动法》除对工作时间进行规定外，也对休息时间进行了详细规定。具体可划分为日休息时间、周休息时间、法定节假日休息时间、劳动者请假时间以及带薪年休假。

1. 日休息时间

日休息时间是指劳动者在劳动时间之外的一天内自由支配和控制的休息时间。我国现阶段实行8小时工作制，因此，从理论上来看，8小时之外的时间均属于劳动者个人的休息时间。然而在实际社会生产中，劳动者往往还会花费大量时间用于通勤，并且在未完成当天工作量时，还会在单位加班或将工作带回家中完成，这些均会占用劳动者的日休息时间。

2. 周休息时间

周休息时间是指劳动者在完成一周工作时长后所享有的连续休息1天及以上的休息时间。我国现阶段实行每周40小时，每天8小时工作制，理论上每周可以休息2天，即实行双休制。在现实社会生产中，并非每个用人单位均能够保障劳动者每周休息2天，然而，大多数用人单位均能够保障劳动者每周休息1天以上。

3. 法定节假日休息时间

除了日休息时间和周休息时间之外，我国法律规定的全国统一节假日休息时间也是劳动者可以享受的休息时间。现阶段，我国全民法定节假日主要包括元旦、春节、清明节、劳动节、端午节、中秋节、国庆节等。除此之外，针对少数民族风俗需要假期的人群，政府一般根据该少数民族的风俗确定休息日期和时长。

4. 劳动者请假时间

劳动者在生产过程中难免遇到需要在工作时间内处理的个人事务，对此，劳动者可以通过向用人单位请假的方式获得休息时间。除了女职工产假之外，劳动者还可向用人单位申请婚丧假、病假、事假、探亲假，等等。

5. 带薪年休假

1991年6月，中共中央、国务院下发了《关于职工休假问题的通知》。在此基础上，2007年，我国国务院发布了《职工带薪年休假条例》（以下简称《条例》），该《条例》于2008年1月1日起施行。其中指出，机关、团体、企业、事业单位、民办非企业单位、有雇工的个体工商户等单位的职工连续工作1年以上的，享受带薪年休假（以下简称年休假）。根据职工入职企事业单位的年限不同，职工可以享受的年休假时长也不尽相同。这些为我国法律法规对标准劳动关系中休息权的相关规定，社会生产中除了标准劳动关系之外，还存在非标准劳动关系。由于非标准劳动关系的形式多样，用工方式较为灵活，我国《劳动法》中并未对非标准劳动时间进行明确规定，然而却明确指出实行不定时工作制不受延长工作时间标准的限制，不享有超时劳动的加班报酬。从理论上来看，非标准劳动关系适用于当前的休息制度，然而，在实际生产中非标准劳动关系下劳动者的工作时长、劳动定额、夜班劳动时间、带薪休假等方面管理制度不够健全,缺乏统一标准或硬性规定,这使得我国非标准劳动关系中劳动者的休息权存在落实难的状况。

三、劳动者休息权的重要意义

对劳动者休息权的保障具有极其重要的意义,主要体现在以下几个方面。

(一) 劳动者休息权的社会价值

劳动者休息权是劳动者的基本生存需要。劳动者在生产过程中,往往需要依托生产资料,付出一定的体力或精力,才能创造劳动成果。在这一过程中,劳动者的体力和精力被大量消耗,因此需要必要的休息来缓解疲劳。相反,如果劳动者在工作中无法得到充分休息,劳动者的身体和精神上的疲劳感无法得到缓解,体力和脑力无法得到补充和恢复,不仅不利于劳动者自身的健康,也不利于劳动者下一阶段生产劳动效率的提升,进而影响社会的进步与发展。劳动者在商品社会中具有一定的商品价值。劳动者在劳动过程中为了完成既定的劳动目标,需要充分调动生产积极性,高度集中精神,并且付出一定的体力和脑力。劳动一段时间后,需要通过适当的休息来缓解疲劳、恢复体力。

劳动者在休息时间内除了恢复体力和脑力之外,往往还需要利用休息时间照顾家庭、培育后代、学习和掌握新的生产技术,提高劳动者个人的劳动能力。

劳动者休息权的保障为劳动者的学习和进修活动提供了必不可少的时间保障,使得劳动者能够利用休息时间不断充实和丰富自己,进而为社会的生产和发展做出更大的贡献。

（二）劳动者休息权的法律价值

劳动者休息权还具有重大的法律价值，主要体现在彰显社会公平正义、维护社会秩序、体现人类自由价值等多个方面。

其一，劳动者休息权的保障能够彰显社会公平正义。现代社会是法治社会，劳动者的休息权作为我国《宪法》中的重要内容，是社会公平正义的体现，是劳动者进行社会劳动的基础和前提。劳动者在紧张的劳动后，体力和精力大量消耗，只有经过休息才能消除疲惫感，恢复身体状态。

其二，劳动者休息权的保障能够维护社会秩序。社会秩序是维护社会稳定、促进社会健康发展的必要手段。人们在社会生活中按照一定的秩序进行生产、交换、消费、分配，推动社会不断进步和发展。劳动者的休息权能够保障社会生产效率，从而使社会保持相对稳定的秩序。如果劳动者的休息权无法被保障，那么劳动者的劳动状态将会产生波动，不利于良好社会秩序的建立。从这一视角来看，劳动者的休息权与社会秩序之间存在隐蔽性联系，对社会秩序的建立和维护有着至关重要的价值。

其三，劳动者休息权能够体现人类的自由价值。卢梭曾指出："如果我们探讨，应该成为一切立法体系最终目的的全体最大幸福究竟是什么，我们便会发现它可以归结为两大主要的目标：即平等和自由。"[1]这里所指的自由是指在社会法律允许之内的自由，是指不受他人任意干涉，同时也不损害他人和社会利益的自由。卢梭认为，自由是立法的最终目标之一。劳动者的休息权是对劳动者自由时间、自由活动以及自由思考的保障，同时也是对自由价值的确认。

---

[1] [法]卢梭：《社会契约论》，何兆武译，商务印书馆1980年版，第69页。

(三) 劳动者休息权的经济价值

劳动者休息权除了具备社会价值和法律价值之外，还具有经济价值。从经济价值角度看，劳动者的生产劳动能够创造产品价值，产品经销售后即能够获得经济效益。从理论上来看，劳动者在生产过程中的生产效率越高，所生产的产品数量越多，所能够创造的社会效益越大。劳动者休息权在一定程度上确保了劳动者在生产期间保持较好的状态，从而将生产效率维持在较好的状态。如果劳动者的休息权不能保障，劳动者无法从暂时的休息中获得充分的恢复，他们在疲倦的状态下进行工作，将导致工作效率降低，进而导致社会效益降低，不利于社会财富的积累和社会经济价值的创造。

第二节 新就业形态下劳动者休息权的保障研究

新就业形态下劳动者的工作模式与传统工作模式发生了较大区别，劳动者的工作时长和休息时间往往受到互联网平台算法的较大制约。本节主要对新就业形态下劳动者休息权保障现状，以及造成该现状的原因进行详细分析。

一、新就业形态下劳动者休息权保障现状

新就业形态是依托互联网信息技术、数字技术和大数据技术等科学技术形成的就业形态。

新就业形态下劳动者的劳动关系属于非标准劳动关系，新就业形态下劳动者的工作时间极其灵活，具有鲜明的工作时间弹性化的特点，属于不定时工作制。现阶段，我国相关法律法

规仍缺乏对非标准劳动关系下劳动者休息权的硬性规定。新就业形态下劳动者既可以随时打开互联网平台通过"接单"等形式开始工作,也可以随时关闭平台结束工作。互联网平台一般不对劳动者的工作时间做硬性要求和限制,新就业形态下劳动者可以自由选择工作时段和工作时长,拥有工作时间的决定权和自由休息权。然而,在现实生产中,新就业形态下劳动者的劳动时间往往还受到互联网平台算法的制约。

以网约车司机为例。网约车平台作为新就业形态的代表,近年来随着网约车行业的发展,规模不断扩大。有关数据显示,截至2022年1月31日,持证网约车司机达398.8万,全国网约车司机人数超过3000万。根据《中国共享经济发展年度报告(2019)》显示,21%以上的网约车司机是其家庭的唯一就业人员。除此之外,许多网约车司机兼职从事该职业均是为了增加家庭收入。由此可见,网约车司机面临着较大的生存压力。

(一)网约车司机工作时间超长

网约车平台为了保障服务质量,给乘客以良好的服务体验,对网约车司机的工作报酬实行复杂的算法。许多网约车司机的工作报酬计量单位,不仅包括工作时长,还包括接单数量、积分排名,等等。有的平台为了鼓励网约车司机接单,往往规定在限定时长中接单量达到一定数额才可享受平台补贴。网约车平台为了鼓励司机在线接单,出台了一系列对工作时长的激励和惩罚机制。许多网约车平台对高峰时段网约车司机的工作时长以及工作日时长等进行了规定。网约车司机在交通出行的高峰期接单,网约车平台将给予司机一定的奖励和补贴。除此之外,一些网约车平台还以积分排名作为网约车司机的奖惩依据,积分排名靠前的网约车司机可以获得一定数额的奖金。然而,当在线时长不够或完不成任务量时，网约车平台将会对网约车司机进行惩罚。网约车平台的这种激励和惩罚机制在无形中刺激了想要增加收入的网约车司机，使其不断延长工作时间，从而造成网约车司机工作时间超长。

清华大学团队发布的《2021年中国一线城市出行平台调研报告》显示，北京、上海、广州三个一线城市的网约车司机平均日工作时间为11.05个小时，每周平均出车时间为6.45天。[1]由此可见，网约车司机的平均日工作时长和周工作时长均超出了标准劳动关系中的每天8小时工作制和每周40小时工作制（见图7-1 网约车司机工作时长示意图、图7-2 网约车司机周工作天数示意图）。

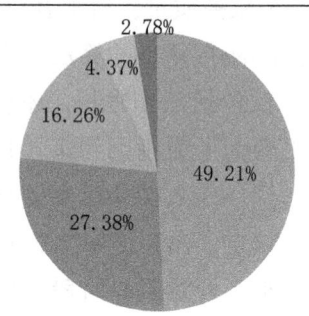

图7-1 网约车司机工作时长示意图

---

〔1〕清华大学社会科学学院企业责任与社会发展研究中心：《2021年中国一线城市出行平台调研报告》，载 https://www.199itcom/archives/1246525.html#google_vignette，最后访问日期：2024年9月28日。

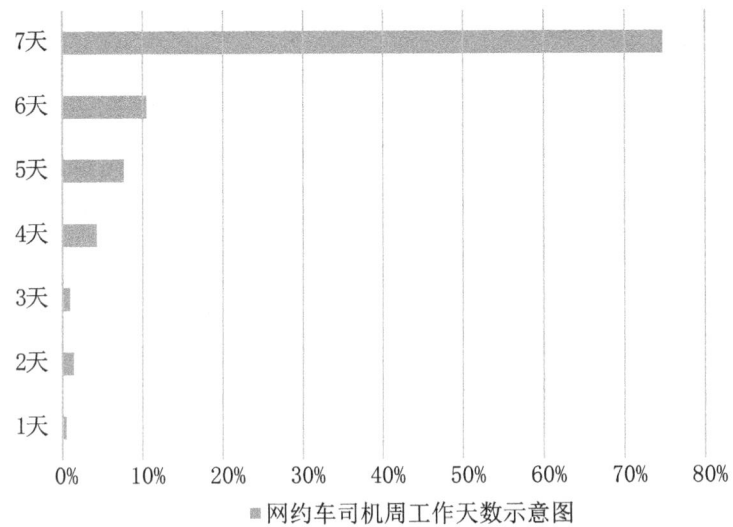

图 7-2 网约车司机周工作天数示意图

(二) 网约车司机的休假权实现难

近年来,随着网约车平台便利性得到社会公众的普遍认可,越来越多的公众,尤其是年轻人在出行时选择网约车出行。在巨大市场的刺激下,大量资本涌入网约车领域,各种网约车平台企业崛起。网约车平台为了保障服务质量,想要在激烈的市场竞争中脱颖而出,他们通过《薪酬管理办法》等有关规定对网约车司机的工作时长进行制约。

网约车司机根据劳动性质不同,可被划分为专职司机和全职司机两种类型。其中,网约车平台的专职司机往往与网约车平台第三方外包公司签订合约,合约中明确规定了网约车专职司机的工作时长。例如,神州专车的第三方外包公司天津安驾商务咨询服务有限公司桂林分公司即规定,专职司机每周至少工作6天,每天至少工作8小时,而且专职司机的工作时长必须覆盖公司规定的时段。又如，易到平台也明确规定，司机的周工作时长不低于 6 天。曹操出行平台的专车司机则可以在一个月内任意挑选 4 天作为休息时间。由此可见，网约车专职司机普遍工作时间在 6 天以上。全职网约车司机，即完全依托网约车平台进行劳动以获得报酬的网约车司机。这类网约车司机由于没有其他工作，他们往往会为了获得更高的报酬而工作更长时间。

根据《2021 年中国一线城市出行平台调研报告》可知，在北京、上海、广州等一线城市，97% 以上的网约车司机（包括专职司机和兼职司机在内）的日工作时长在 8 个小时以上，70% 以上的网约车司机每周工作 7 天，工作负荷较重，休息时间无法保障。然而，尽管网约车司机的日工作量、周工作量均较大，然而，网约车司机的休假权和加班费却无法落实。一些网约车司机以争取休假权或加班费为目的寻求法律救济时，往往也无法得到理想的效果。

（三）网约车司机的生命健康权得不到有效保障

网约车司机平均日工作时间在 10 小时，有的网约车司机甚至连续工作时间在 14 小时—16 小时。网约车作为交通工具，网约车司机需要为乘客提供乘车服务，其工作场景往往为城市道路。而汽车驾驶是一项需要高度集中注意力的工作，尤其在早晚上班高峰时期的拥挤道路上行驶时，经常会出现人车混杂现象，稍不注意则会发生各种交通事故，网约车司机需要注意力高度集中。而长时间劳动极易导致网约车司机产生疲劳。当网约车司机进行疲劳驾驶时，极易发生交通事故，严重威胁网约车司机及其他群众的生命安全。另外，网约车平台派单和司机接单均以乘客发布用车需求的时间为准，乘客在一天之内的任何时间均可能发布需求，可能是正常用餐时间，也可能为深夜休息时间，或其他非正常社交时间，许多网约车司机为了增加接单量，往往会放弃正常休息和用餐时间。一般周末、节假日人们的出行需求往往成倍增加，网约车司机通常利用周末、节假日时间接单。许多网约车司机为了增加接单量而不得不长时间坐在驾驶位上。由于劳动时间不固定，网约车司机的饮食通常也不规律。长时间久坐，也会增加网约车司机患腰部疾病、颈部疾病等职业疾病的概率。

二、新就业形态下劳动者休息权无法完全得到保障的原因

新就业形态下劳动者休息权无法完全得到保障的现状是由多方面因素共同造成的，主要体现在以下几个方面。

（一）劳动法律规范保障不够健全

现阶段，新就业形态下劳动者和互联网平台之间的劳动关系通常较为模糊。一般而言，互联网平台不与劳动者签订正规的劳动合同，而是直接或授权第三方公司与劳动者签订合作协议、劳务协议、用工协议等。而我国《劳动法》《劳动合同法》等法律法规对劳动者权益的保障几乎均建立在标准劳动关系之上。新就业形态下劳动者与平台之间的劳动关系的不确定，使得新就业形态下劳动者通常被归为灵活就业者，由于工作时长不确定，包括网约车司机在内的新就业劳动者的休息权益往往无法受到现有法律完全的保护。

近年来，针对新就业形态经济的快速发展，我国有关部门出台了一系列规范新就业形态行业的法律法规。例如，2016年，我国交通运输部、工信部等七部委联合发布了《网络预约出租

汽车经营服务管理暂行办法》，对网约车平台公司以及网约车司机的行为进行了规范，然而，其内容并未涉及网约车司机的休息权益。网约车司机等新就业形态的劳动者属于灵活用工形态，实行不定时工作制。1995年，劳动部发布的《关于贯彻执行〈中华人民共和国劳动法〉若干问题的意见》中明确规定了不定时工作制的劳动者延长工作时限不受《劳动法》中有关延长工作时限规定的限制。现阶段，我国劳动法律法规中并未对新就业形态下不定时工作者的工作时长以及超出工作时长之后的补偿以及休假作出明确规定。

（二）劳动关系认定方式复杂多样

劳动关系是劳动者享受休息权益的重要基础和前提，然而，新就业形态下劳动者与劳动平台企业之间的劳动关系存在复杂化、多样化的特点。以网约车司机为例，网约车司机与网约车平台之间的劳动模式大体可划分为三种类型。

1. 平台雇佣模式

私家车主以自身所有的车辆作为生产资料，在网约车平台注册后，达成服务合作协议，成为网约车司机，借助网约车平台派单来获得客户，所得报酬与网约车平台按照一定比例分成。这种合作模式下，网约车司机与网约车平台之间不具有明确的劳动关系。

2. 挂靠模式

网约车平台兴起后，社会大众逐渐养成了借助网约车平台叫车的习惯，传统出租车行业受到冲击。出租车司机为了适应乘客需求，也会借助网约车平台满足乘客的用车需求。出租车司机在获得网约车平台服务时，需向网约车平台缴纳一定的费用，而出租车司机的日常管理主体，以及合同缔结方仍然属于出租车公司，与出租车公司存在明确的劳动关系。因此，出租车司机与网约车平台之间仅具有挂靠关系。

3. 专职司机模式

网约车平台的专职司机，通常为司机与汽车租赁公司签订租赁合同，或网约车平台与租赁公司签订租赁合同，之后，再与专职司机达成合作协议。然而，网约车平台的专职司机大多通过简单的平台注册，其与网约车平台之间的劳动关系仍不明确。

从以上模式可以看出，除了挂靠在网约车平台下的出租车司机有着明晰的劳动关系之外，其他依托网约车平台的网约车司机与平台之间均不具有明确的劳动关系。这直接阻碍了网约车司机休息权益的落实。

(三) 受互联网平台用工制度的影响

依托互联网信息技术和数字技术的互联网平台通常基于共享模式为用户提供服务，同时为劳动者提供了灵活用工的机会。以网约车平台为例。网约车平台利用大量闲置的社会车辆以及时间充裕的人群为有需求的乘客提供服务。这一用工模式既吸引了社会上的大量闲散人员就业，又能够利用闲置的社会资源为社会提供服务，可谓一举多得。由于网约车司机等新就业形态下劳动者可以自行决定接单还是休息，工作时间极其灵活，因此在许多不了解该行业的人眼中，网约车等新就业形态下劳动者的工作极其自由。然而实际上，网约车司机等新就业群体往往会受到平台用工制度的严格限制。

1. 最低工作时长限制

网约车平台对网约车司机的每日在线时长一般有着严格规定，许多网约车公司明确要求网约车司机每周工作 6 天或以上。

有的网约车公司设置了每日和每周在线总时长,以及高峰时段在线时长。因此,网约车司机往往既要满足每日高峰时段在线时长,又要满足每日和每周在线总时长,在两个条件均满足的情况下,往往需要连续工作较长时间。还有的网约车公司规定网约车司机最低在线时长为每天 8 小时,然而却并未对最高在线时长进行限制,同时鼓励网约车司机多劳多得,许多网约车司机为了获得更多报酬而延长工作时间。

2. 特殊薪酬计算方式限制

网约车平台为了激励网约车司机增加每日高峰时段的在线时长以及在线总时长,往往会设置特殊的薪酬制度。例如,曹操出行为网约车司机设置了浮动性的奖金制度,设置了不同梯度的奖金和提成。网约车司机只有在一个月之内达到相应的接单量才能获得该梯度的奖金。又如,优步平台以"接单率"作为网约车司机奖惩标准。当用户借助优步平台发布用车需求后,优步平台会根据该用户的乘车时间指定距离该用户最近的网约车司机在规定时间内接到该客户,一旦网约车司机无法在规定时间内接到客户,那么网约车司机就失去了这次获得奖金的资格。

3. 积分制度限制

网约车平台为了鼓励网约车司机接单还设置了积分制度。网约车司机只有积分达到一定额度才会被优先派单,如果网约车司机无法完成平台规定的在线总时长、高峰时段在线时长,那么网约车司机不仅无法得到奖励,还会造成积分下降,不利于之后的平台派单。因此,许多网约车司机为了增加派单量而延长工作时长,而工作时长的延长又极大地影响了网约车司机的休息权和休假权的落实。

(四) 网约车司机维权意识不强

网约车司机休息权和休假权无法完全落实，在一定程度上还与网约车司机维权意识较差有着直接关系。许多网约车司机以私家车作为生产工具依托网约车平台进行劳动，有的专车司机还通过租赁车辆从事网约车服务，因此，网约车司机往往需要承担车辆的租赁费用、油气费用，使用私家车进行网约车服务的公司还需要承担车辆的保养费用等。由此可见，网约车司机承担着潜在的劳动成本，在利益与成本的衡量下，许多网约车司机往往无法意识到网约车平台设计的"多劳多得"的规则已经侵犯了劳动者的休息权和休假权，很难保持清醒的维权意识。除此之外，网约车司机与网约车平台之间还处于不对等关系，网约车司机与网约车平台之间的联系较为脆弱，且网约车司机在劳动关系中处于弱势地位。网约车司机的维权能力又普遍较弱，即便一些网约车司机意识到平台企业的薪酬制度等计算方法侵犯了劳动者的休息权和休假权，然而维权过程通常费时费力，而且网约车司机往往还需要承担失业的风险，因此大多数网约车司机一般都会选择默默忍受，而不进行维权。

第三节　新就业形态下劳动者休息权保护途径探析

近年来，随着我国新就业形态经济规模越来越大，新就业形态下劳动者的休息权越来越受到人们的重视。我国政府、企业为了落实新就业形态下劳动者的休息权作出了一系列努力。

一、完善新就业形态下劳动者休息权益相关的法律法规

新就业形态属于非标准劳动关系下的不定时劳动模式，我

国现行的法律法规仅对标准劳动关系下的劳动者给予了较为完备的保障,而对非标准劳动关系下不定时劳动者的休息权保障不足。针对这种状况,我国有关部门应进一步完善相关的法律法规,以确保将新就业形态下劳动者的休息权益落实到位,具体可从以下几个方面着手。

(一)明确新就业形态下劳动者的法律地位

新就业形态下,劳动者与互联网平台企业之间的关系复杂,具有较强的模糊性,而我国劳动者休息权的保障通常以标准劳动关系作为参考依据,这在一定程度上影响了新就业形态下劳动者休息权的落实和保障。

针对新就业形态的劳动特点,我国立法部门可从新就业形态下劳动者的劳动工种入手,赋予新就业形态下劳动者以明确的法律地位,明确不同新就业形态下劳动工种所应享受的权益,从而为新就业形态下劳动者休息权益的落实和保障提供法律依据。例如,网约车司机作为新就业形态下劳动者的代表,具有规模庞大,涉及劳动者人数众多的特点。网约车司机作为现代交通运输行业的一分子,在城市交通出行中承担着十分重要的角色。如果网约车司机的休息权无法被保障,大量网约车司机在疲劳状况下进行驾驶将对城市交通环境产生巨大的潜在威胁。又如,外卖员也是新就业形态下劳动者的代表,从业人数众多。外卖员通常在早、中、晚餐时期十分活跃,而早餐和晚餐时段恰恰又是传统的早、晚高峰时段。外卖员由于受到平台算法的严格限制,必须在规定时间内将餐食等物品送达用户手中,因此,常常出现外卖员边骑车边接单,且为了赶时间而车速过快的情况,对城市交通环境造成一定的潜在风险。

(二) 完善对新就业形态下劳动者休息权益保障

法律法规是落实新就业劳动者休息权的依据,近年来,一些地方政府针对新就业形态下劳动者的实际工作特点,出台了规范平台企业用工和保护劳动者休息休假权的规范性文件。例如,近年来浙江省依托互联网信息技术的发展和应用取得了较快发展,其新就业形态经济发展快速,成为全国新就业经济形态的代表。近年来,为了规范新就业形态经济,浙江省出台了一系列文件。2018年11月,浙江省委办公厅、省政府办公厅下发《关于促进民营经济高质量发展的实施意见》,其中明确提出规范新就业形态下劳动用工的政策和法规。2019年,浙江省人力资源和社会保障厅发布《关于优化新业态劳动用工服务的指导意见》,该文件明确指出了保障新就业形态下劳动者休息权的具体措施。新就业形态下的企业和新就业形态下的从业人员协商达成一致意见,可以在劳动合同或者相关协议中明确具体休息休假或经济补偿办法,经当地人力社保部门批准后,可以根据生产实际情况实行特殊工时制度。业务淡季可以采取集中放假、轮岗轮休、待岗培训等方式,尽量做到少裁员或者不裁员,促进就业稳定。[1]

除了地方政府之外,我国有关部门还针对新就业劳动者群体出台了一系列法律法规,其中着重对劳动者的休息权进行了说明。2021年10月发布的《关于维护新就业形态劳动者劳动保障权益的指导意见》中对保障新就业形态下劳动者休息权益进行了明确规定:"完善休息制度,推动行业明确劳动定员定额标

---

[1]《浙江省人力资源和社会保障厅关于优化新业态劳动用工服务的指导意见》,载《劳动和社会保障法规政策专刊》2019年第12期,第52~55页。

准，科学确定劳动者工作量和劳动强度。督促企业按规定合理确定休息办法，在法定节假日支付高于正常工作时间劳动报酬的合理报酬。"2021年11月，交通运输部等部门联合发布的《关于加强交通运输新业态从业人员权益保障工作的意见》对网约车平台等互联网平台的算法和抽成比例进行了相关规定，并且明确指出优化网约车派单和运营的效率，不得以冲单奖励等方式引诱驾驶员超时劳动。2022年1月，国家互联网信息办公室出台了《互联网信息服务算法推荐管理规定》，其中第20条规定："算法推荐服务提供者向劳动者提供工作调度服务的，应当保护劳动者取得劳动报酬、休息休假等合法权益，建立完善平台订单分配、报酬构成及支付、工作时间、奖惩等相关算法。"

从以上法律法规可以看出，我国有关部门已经注意到互联网平台在劳动用工中的某些特点，出于对新就业形态下劳动者权益保障的目的，出台了一系列规范平台企业用工时间、薪酬计算方法的具体规定，对保护新就业形态下劳动者的休息权益有着较强的指导意义。

由于新就业形态的用工方式类型多样，尽管我国现阶段制定了一系列法律法规保障劳动者的休息权，然而仍有许多平台企业通过薪酬与绩效相挂钩的方式诱导新就业人员自愿加班，延长其工作时间。此外，不同类型的新就业形态下劳动者所需要的休息时间也存在较大的差异。以网约车司机为例。网约车平台上存在多种不同层次和不同类型的网约车司机，这些司机的营运特点不同，所需要的休息时长也不一致。

二、优化互联网平台的工时和薪酬制度

互联网平台独特的不定时工时制度和薪酬制度是影响新就业形态下劳动者休息权益保障的重要因素。对此，一方面需要政府督促互联网平台企业积极采取措施保障新就业形态下劳动者的休息和休假权，减少因新就业形态下劳动者长时间疲劳工作所引发的各种事故，切实保障劳动者的人身健康。另一方面需要充分发挥行业协会和工会组织的力量，通过工会组织来壮大新就业劳动群体的维权力量，从而维护劳动者的合法休息权。

近年来，随着新就业形态规模越来越大，从业人数越来越多，互联网平台企业的实力和社会影响力也越来越显著，企业应当树立强烈的责任意识。在政府有关部门的不断规范和引导下，一些互联网平台企业通过修改工时制度的方法，强迫劳动者休息，以达到保障劳动者休息权益的目的。例如，2019年，某网约车龙头企业正式向全社会公布了《XX网约车驾驶员防疲劳驾驶规则》。其中指出，当司机连续服务满4小时，需要下线休息20分钟才能再次接到平台的订单；达到9小时计费时长后，司机需要休息6小时才能再次上线。如果连续休息时间不足20分钟或6小时重新接单则连续休息时长清零。休息时长清零后，系统将强制司机收车重新休息（见图7-3 网约车疲劳驾驶规则界面）。该规定出台后，由于其能够有效防止网约车司机长期疲劳驾驶，并且能够保障网约车司机的日休息权，受到了社会各界的一致好评。

新就业形态下劳动者劳动权益保护有效途径探究

图7-3　网约车疲劳驾驶规则界面

然而，近年来，随着网约车经济的快速发展，网约车行业的竞争也越来越激烈，不同网约车业务领域均存在多家竞争企业。其中，网约车的快车业务领域主要存在易到平台、神州专车、美团打车、哈啰、T3出行、万顺叫车、享到出行、花小猪出行等网约车企业；专车业务领域主要存在易到平台、神州专车、首汽约车、曹操专车等网约车企业；出租车业务领域主要存在易到平台、首汽约车、哈啰等网约车企业；顺风车业务领域主要存在美团打车、嘀嗒出行等网约车企业。同一名网约车司机可以在两个或两个以上网约车平台注册、接单。当某一网约车司机在某一平台达到固定时长后，该平台会以停止派单的方式强制司机休息。然而，网约车司机可能通过切换其他网约车平台的方式继续接单。该网约车司机仍然无法避免因长时间疲劳驾驶所产生的潜在交通风险。例如，某网约车司机在某网约车平台的在线时长达到 9 小时，按照该网约车平台的规定，系统将强制该网约车司机收车并下线休息 6 小时。然而在此期间，该网约车司机依旧可以上线其他网约车平台继续接单。

由此可见，由于网约车领域的竞争企业众多，且同一名网约车司机可在多个网约车平台注册、接单，只有网约车行业协会出台相关政策，实现网约车司机在线时长的信息共享，才能真正实现防止网约车司机疲劳驾驶，保障网约车司机的休息权。

三、充分发挥工会的力量

工会代表广大劳动者，其目的是维护劳动者的合法权益，工会可以依法独立开展活动。我国一些地方工会组织已然将新就业形态下劳动者纳入工会组织，借助工会组织的力量帮助广大新就业形态下劳动者争取法律规定应当享有的权益。近年来，随着外卖平台崛起，外卖骑手群体的规模越来越大。由于特殊的工作模式外卖骑手通常为了抢单、送单而持续长时间在线。因此，外卖骑手时常处于精神高度紧张的状态，因此易产生疲惫感。而当外卖骑手的疲惫感积累到一定程度时可能诱发意外事故，严重威胁外卖骑手本人以及他人的人身安全。对此，一些地方工会组织从保护外卖骑手人身健康安全和休息权的角度出发，针对外卖骑手的日常劳动时间提出倡议。2021 年 9 月，厦门市总工会向全市各网络餐饮平台发出《工会劳动法律监督提示函》，明确要求各平台对外卖送餐员连续送单超过 4 小时的，系统要发出疲劳提示，20分钟内不再派单。除了发出倡议之外，工会组织还可以作为广大网约车司机的代表与网约车平台企业协商确定网约车司机的工作时长、薪酬待遇以及休息权益等。此外，工会组织还应当定期对网约车司机等新就业形态下劳动者群体开展健康培训教育，提高网约车司机的风险意识和健康意识。工会组织还应当关注网约车平台有无恶意压榨新就业形态下劳动者、拖欠加班费，侵犯新就业形态下劳动者合法权益等情况。一旦发现新就业形态下劳动者权益受到侵犯，工会应当代表其提起诉讼，寻求法律救济。

四、加强对劳动者休息权保障的监督和管理

劳动监察作为保障劳动者合法权益的主要渠道，其发展必须紧跟时代步伐，切实履行职责，与时俱进。具体来说，劳动监察部门应从以下几个方面着手保障新就业形态下劳动者的休息权。

（一）建立专门的新就业形态监察队伍

新就业形态与传统就业形态相比，具有较强的灵活性和多样性，由于特殊的互联网平台考核方式和薪酬计算方式以及劳动场景，有关劳动执法部门应成立专门的新就业形态劳动监察队伍，依托互联网信息技术，不断更新执法监察设备，提高监察队伍的执法水平。针对平台企业的用工合同条款、用工模式进行全方位分析辨别，对平台企业的劳动行为进行全方位监督，切实保障新就业形态下劳动者休息权益的落实。

（二）加大监察力度

新就业形态以电子信息技术作为依托，通过在线派单的方

式向劳动者发布任务，跟踪与反馈任务完成情况，并保留电子数据。劳动监察部门在对平台企业进行监督时，应覆盖不同类型的网约车司机，从日常监察、重点监察和应急监察角度对网约车司机的劳动状态进行监察。当发现大数据显示网约车司机休息权遭到侵犯的状况时，劳动监察部门应及时介入。

（三）重视新就业形态下劳动者的投诉和举报

当新就业形态下劳动者面临休息权被侵犯时一般会选择进行投诉和举报。有关劳动监察部门应当重视劳动者的每一条投诉和举报，并针对投诉和举报内容进行调查，一旦发现平台企业存在侵犯劳动者休息权益的行为，应对平台企业实施处罚，并引导平台企业出台相关政策，切实保障新就业形态下劳动者的休息权益。

2020年3月25日，西安19名网约车司机针对首约科技（北京）有限公司侵犯劳动者休息休假权及社会保险权事宜，向西安市劳动人事争议仲裁委员会申请劳动仲裁，请求首约科技（北京）有限公司、首约科技（北京）有限公司西安分公司、北京天运达人力资源管理顾问有限责任公司、天韵达（天津）人力资源有限公司、福建易博企业管理有限公司支付加班工资、未休年假工资，以及补缴劳动保险费用。2020年8月26日，西安市劳动人事争议仲裁委员会作出裁决，支持网约车司机提出的带薪年休假补偿申请。之后，相关被执行企业不服该仲裁裁决，西安市中级人民法院提出申请，请求撤销该裁决。后经西安市中级人民法院法庭调解，厘清了19名网约车司机的用工模式，在一定程度上有利于维护网约车司机的休息权益。从该案例可以看出，劳动人事争议仲裁部门对新就业形态下劳动者的诉求十分重视，并且通过仲裁裁决的方式保障了网约车司机的休息权益。尽管由于新就业形态下的用工关系复杂，且涉及互联网平台企业的运营模式、管理模式，该仲裁虽然引发了一定争议，但是劳动监察部门和劳动仲裁部门对新就业形态下劳动者休息权益的支持，将对新就业形态下劳动者维护其合法权益产生积极影响。

第八章

劳动者社会保险权及其保护途径探索

第一节 劳动者社会保险权的基本理论及法律规定

社会保障权是指劳动者在年老、患病、工伤、失业、生育等情况下所享有的物质帮助和保险的权利。[1]本节主要对我国劳动者社会保障权的演变与特点进行概述。

一、劳动者社会保险权的基本理论

社会保障权是社会公民的基本人权,是实现公民生存权的基本内容。我国社会保障制度的主要内容由社会保险、社会救济、社会福利、优抚安置、社会互助等内容组成。社会保障权是所有劳动者均享有的基本权益,是维持劳动者基本生存条件的保障。

狭义的社会保障权专指社会保险权。社会保险制度是指由

---

[1] 孟咸美、孟昕、夏圣坤:《劳动者权益保护研究》,经济日报出版社2018年版,第78页。

法律规定的、按照某种确定的规则实施的社会保险政策和措施体系。社会保险制度能够在劳动者生病、生育、年老、死亡、伤残和失业时给予劳动者一定的物质帮助和补偿，也是为劳动者退出劳动市场之后的生活提供的基本保障，是免除劳动者后顾之忧，维护社会稳定的重要制度。

(一) 劳动者社会保险权的性质

1. 劳动者社会保险权的权利归属

第一，劳动者的社会保险权属于基本人权。劳动者的社会保险权是保障人的基本生存权和发展权，维持劳动者人格尊严的基本条件。

第二，劳动者的社会保险权属于宪法权利。《宪法》第45条明确规定，公民在年老、疾病或者丧失劳动能力的情况下，具有从国家和社会获得物质权利的帮助。从这一《宪法》内容来看，我国劳动者的社会保险权属于宪法赋予的权利。

第三，劳动者的社会保险权属于社会权利。劳动者作为一个国家的公民，具有从社会中获得基本生存和发展条件的权利，劳动者在年老、疾病、生育、失业、因工受伤等状况下，无法通过自身努力获得生存和发展的条件时，国家应通过立法、行政和司法等措施确保公民获得这些条件，以保障公民的基本社会权利。从这一视角来看，劳动者的社会保险权属于社会权利。

2. 劳动者社会保险权的权利性质

第一，宪法权利和普通法权利的双重性。劳动者的社会保险权既是一项受《宪法》保护的权利，在《宪法》之外，还受到普通法律法规的保护，因此，劳动者的社会保险权具有宪法权利和普通法权利的双重属性。

第二，社会权和自由权的双重性。《社会保险法》规定，我国农民工在达到退休年龄时,既可以选择按照城镇职工养老保险退休,也可以选择转入新型农村社会养老保险退休。又如,灵活就业人员可以按照不同行业、不同的缴费基数缴纳社会保险。由此可见,劳动者的社会保险权具有社会权和自由权的双重性。

第三,人身权和财产权的双重性。劳动者的社会保险权是为了保障劳动者的基本生存和发展需要而设立的权益,与劳动者的人身权和财产权密不可分,具有财产权和人身权的双重属性。

第四,请求权和诉权的双重性。社会保险权是宪法和劳动法赋予劳动者的基本权利,因此劳动者具有要求国家和用人单位为其缴纳社会保险的权利;而当用人单位侵犯了劳动者的社会保险权利时,劳动者享有对社会保险的诉权。从这一视角来看,劳动者的社会保险权具有请求权和诉权的双重属性。

(二)劳动者社会保险权的内容

劳动者社会保险权从权利类型角度划分,可以分为参加权、请求权、受益权、知情权、监督权、救济权。

1. 劳动者社会保险的参加权

劳动者具有平等参加社会保险的权益,劳动者的社会保险权受法律保护。劳动者社会保险权的参加权包括:第一,请求用人单位履行社会保险登记和缴纳义务的权利;第二,劳动者自主办理社保登记和缴费的权利;第三,请求征缴主体履行社会保险登记、核定社会保险费、征收社会保险费等职责的权利。

2. 劳动者社会保险的请求权

第一,社会保险待遇请求权。第二,社会保险服务请求权。第三,社会保险侵权请求权。第四,社会保险损害赔偿请求权。

3. 劳动者社会保险的受益权

被保险人在保险事故发生后享有按照法律规定的条件享受社会保险利益的权利。

4. 劳动者社会保险的知情权

被保险人有权免费查询核对缴费记录、个人权益记录。

5. 劳动者社会保险的监督权

劳动者有权对本单位社会保险的缴费情况的进行监督、举报和投诉的权利。

6. 劳动者社会保险的救济权

当劳动者的社会保险权益受到侵害时，劳动者有权依法申请调解、仲裁，或提起诉讼。

二、我国劳动者社会保险权的法律规定

社会保险制度是我国社会保障的重要组成部分。为了保障劳动者的社会保险权，我国有关部门在《宪法》的基础上出台了一系列法律法规。2011年7月1日，我国开始施行《社会保险法》。《社会保险法》中明确了公民社会保险中的国家责任、政府职能和责任，构建了以政府补助保险费、社会保险基金先行支付、政府组织实施和进行监管的国家责任体系。除了《社会保险法》之外，《劳动法》《国务院关于建立统一的企业职工基本养老保险制度的决定》《失业保险条例》《社会保险费征缴暂行条例》等法律法规中也对不同类型劳动者的社会保险权益的落实进行了规定。根据《劳动法》的相关规定，我国标准劳动关系下的劳动者享有养老保险、疾病保险、失业保险、工伤保险、生育保险等几种保险类型。我国灵活就业劳动者也享有基本

社会保险和基本医疗保险权益,而灵活就业人员不强制缴纳社会保险。

我国劳动者保险权益的保障以劳动关系作为依据,新就业形态下,劳动者与服务对象之间的劳动关系呈现出灵活化、多重化和虚拟化的特点。尤其是依托互联网平台就业的新就业形态下劳动者与平台之间签订的合同,多不是规范的劳动合同,而是劳务合同、承揽合同,以及务工协议等类型的合同或协议。而以快递员、外卖员和网约车司机等群体为主的新就业形态下劳动者的劳动合同签订率较低,其中,许多劳动者并未与平台签订任何形式的合同,而签订其他合同的比例也较低。

以网约车司机为例,网约车司机作为依托互联网平台为乘客提供用车服务的劳动者,一般只需在互联网平台注册即可成为网约车司机,而不需要签订任何合同。不签订劳动合同则无法明确双方之间的劳动关系,使得网约车司机的社会保险权益无法得到保障。有的网约车平台与网约车司机签订了合同,却并非规范的劳动合同,而是《服务合作协议》。该服务合作协议中指出,网约车平台为注册和签订《服务合作协议》的司机提供乘客出行信息,并与在准入平台、安全、服务规范等方面与司机达成服务约定,同时当司机与乘客产生纠纷、安全等事件时,平台将根据录音资料及时介入,协调双方矛盾,解决事件,维护双方利益。由此可见,即便一部分网约车司机选择与平台签订合同,往往所签订的也并非劳动合同,由于《服务合作协议》中网约车司机与平台所属关系仅为服务约定,而非明确的劳动关系,这不利于保障网约车司机的社会保险权。又如,近年来,我国快递业务发展迅速,快递员数量呈现出直线上升的态势。现阶段,我国的快递企业经营模式大体可划分为两种,即直营模式和加盟模式。其中，直营模式多由大型快递企业直接经营，例如邮政 EMS、顺丰快递、京东专营等。大型快递企业的快递人员一般与企业签订正式劳动合同，这部分快递员的保险权益基本可以保障。加盟模式则是指在本地注册的中小型快递物流公司因自身不具备异地运输和远距离运输的条件，因此常通过加盟的方式，代理韵达、圆通等较大快递企业的收派件业务。为了提高收派件效率，这些加盟店往往需要招聘快递员。加盟店出于节省经营成本的目的，不愿与快递员签订劳动合同，而是与快递员签订劳务合同或承揽合同，这不利于劳动者维护劳动保险权益。再如，近年来，随着网络技术的快速发展，依托微信、视频平台为企业带货的网店从业者越来越多。一般而言，个人网店从业者与平台企业之间多签订服务协议。这种个人网店从业者属于自雇型劳动者，自己拥有生产资料和工具，自主经营、自担风险，往往自行缴纳保险费用。

综上所述，从新就业形态的多种就业方式来看，新就业形态下劳动者所享有的社会保险权比率不高，许多新就业形态下劳动者无法完全享受社会保险权益。

第二节 新就业形态下劳动者社会保险权的保障研究

一、新就业形态下劳动者社会保险权落实状况

新就业形态下，我国劳动者社会保险权存在就业者劳动社会保险权落实不到位、劳资关系模糊、劳动保障监管服务缺位等状况。

（一）社会保险覆盖率不高

社会保险制度是国家为了保障劳动者抵抗风险能力的一种

救济性制度，社会保险具有帮助劳动者保障基本生活、规避各类风险、促进劳资关系和谐发展的重要功能。

根据我国有关法律规定，劳动者享有社会保险权，用人单位有义务为劳动者缴纳社会保险。我国的社会保险制度建立在劳动关系之上。由于新就业形态下劳动者与用人单位之间的关系更加灵活，存在一名劳动者同时与多个用人单位缔约，或者一名劳动者借助平台同时为多名客户提供服务的用人模式。新就业形态下多样、灵活的劳动关系使得劳动者与用人单位或互联网平台之间的劳动关系界定困难，导致许多新就业群体的社会保险权益未能得到很好的保障。

以互联网平台劳动者为例。互联网平台劳动者的就业方式十分灵活，属于非标准就业模式。由张车伟主编并于2019年出版的《人口与劳动绿皮书：中国人口与劳动问题报告 No.20》一书中指出，非标准就业群体参加基本养老保险、基本医疗保险、失业保险、工伤保险和生育保险的参保比例比标准就业群体低50%。互联网平台劳动者的社会保险覆盖率之低可见一斑。

1. 社会基本保险缴费率低

基本养老保险和医疗保险是保障就业者年老后以及遭受疾病时规避风险的基本保险险种，然而，新就业形态下劳动者由于就业不稳定、社会保险意识薄弱、缴费期限长以及缴费比例高等原因没有参保（见图 8-1 我国劳动者劳动合同签订率示意图）。互联网平台劳动者由于与平台之间的关系模糊，而平台出于降低运行成本等商业目的，一般将平台与就业者之间的关系认定为合作关系。只有当劳动者与平台之间签订了劳动合同之后，才会为劳动者缴纳社会保险。即便有的互联网平台为劳动者缴纳社会保险，也较少会为劳动者缴纳职工养老保险，而更多的是为劳动者缴纳居民养老保险。

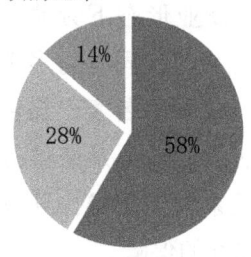

图8-1 我国劳动者劳动合同签订率示意图

2. 医疗保险参保率偏低

现阶段，我国为居民和劳动者提供了基本医疗保险和职工医疗保险两种医疗类保险，为居民和劳动者的健康保驾护航。现阶段，我国的基本医疗保险覆盖面较大，参保率稳定在95%以上。在职职工参加职工医疗保险的比例超过60%，然而新就业形态下劳动者参加基本医疗保险和职工医疗保险的比例普遍偏低。根据有关资料显示，新业态下劳动者参加城乡居民基本医疗保险的比率为35.7%，参加职工医疗保险的比率为6%。[1]由此可见，大部分新就业形态下劳动者既没有参加城乡居民基本医疗保险，也没有参加职工基本医疗保险。

3. 生育保险参保率低

妇女劳动者属于特殊人群，具有多重角色。除了具有职业

---

[1] 谭中和：《非正规就业人员基本医疗保险应保尽保问题的几点思考》，载《中国医疗保险》2018年第1期，第9~13页。

第八章 劳动者社会保险权及其保护途径探索

角色之外，通常还担负着社会赋予的家庭角色，需要承担为家庭生儿育女，繁衍后代的职责。生育保险则是保障妇女劳动者合法生育权的基本保障，能够保障妇女劳动者在生育和哺育婴儿时的收入来源，进而减轻家庭的经济负担。互联网平台劳动者中存在大量新型灵活就业的妇女劳动者，然而，大部分互联网平台却鲜少专门为妇女劳动者缴纳生育保险，而灵活就业者个人则无法缴纳生育保险。

4. 失业保险参保率低

互联网平台就业模式与传统就业模式相比，互联网平台就业对就业者的职业能力要求不高、就业门槛不高，互联网平台算法严苛，劳动者随时面临被克扣工资或被解雇风险。一旦互联网平台劳动者遭到克扣工资或被解雇，其将面临生活困境。然而，在现实生活中，新就业形态下劳动者的社会保险存在覆盖率低，大部分互联网平台劳动者权益无法保障的现状。

5. 工伤保险缺位

互联网平台企业一般较少为新就业形态下劳动者缴纳工伤保险。传统的职工工伤保险一般由与劳动者确定劳动关系的工作单位购买，一旦职工在工作时间内发生意外，给职工造成伤害后即可由工作单位给予一定的赔付。新就业形态下劳动者的就业形式更加灵活，一旦发生工伤后，根据现行的工伤标准，在工伤认定、资金筹措、待遇支付等环节存在较大的现实阻碍。因此，大部分新就业形态下劳动者的工伤保险权益也无法完全得到保障。

6. 人身意外保险保障

互联网平台就业方式打破了传统意义上固定时间、固定场景、固定服务对象的就业模式，与传统就业形态劳动者相比，新就业形态下劳动者普遍存在工作时间长、工作条件差等现状，这些客观存在的现象导致新就业形态下劳动者发生交通事故、职业疾病以及其他意外事件的风险相对较大。在现实中，互联网平台大多为平台劳动者缴纳人身意外保险。例如，网约车平台大多只为网约车司机提供人身意外保险，外卖平台大多也只为签订劳动合同的员工购买人身意外保险。

（二）新就业形态下劳动者的职业伤害保险不完善

新就业形态依托互联网信息技术和数字技术，新就业形态下劳动者在劳动时，其工作量和工作效率一般受到严格的算法制约。新就业形态下劳动者中的网约车司机和外卖骑手的工作大多依托于平台系统派单。而系统派单的背后则是复杂的算法经济。网约车司机或外卖骑手在接到互联网平台派单后需要在规定的时间内到达指定地点接送乘客或取货并在规定时间内送达，一旦超时或接受到客户的投诉就会引发扣积分、扣工资等一系列不良后果。新就业形态下劳动者在算法经济的制约下往往会为了在规定时间到达之前完成任务而争分夺秒，尤其是外卖骑手往往会在骑电动车的同时看手机抢单，这种情况极易发生交通事故。在现实生活中，外卖平台大多为外卖骑手投保如"配送员补偿综合保险"等意外保险。

（三）新就业形态下劳动者职业技能培训缺乏

职业技能培训是提升劳动者职业技能和就业能力的重要途径，也是确保劳动者提升自身价值的重要方式。保障职业技能培训是我国劳动者应当享有的权益之一。新就业形态下的就业门槛较低，对职业技能的要求也不高，新就业形态下劳动者所能享受到的职业技能培训亦相对较少。

职业技能培训是社会保障的重要组成部分，能够帮助劳动者在一定时间内较好地掌握一门或多门技能，从而为劳动者的就业或再就业提供支持和保障。然而，现阶段我国政府为劳动者提供的职业技能培训大多是针对传统就业形态的工作，针对新就业形态工种的职业技能培训体系尚未完善。新就业形态中的许多工种属于新生工种、非正规就业工种，因此仍未完全被纳入职业技能培训范围。新就业形态的一些工种（例如外卖骑手）在互联网平台入职时，一般会得到互联网平台企业的上岗培训。上岗培训的内容多为平台规则、软件的使用方法以及简单的安全问题，较少涉及具体的技能培训。而新就业形态下劳动者中的大部分来自农村，职业技能相对不高，缺乏系统规范的职业技能培训，因此只能从事技术含量较低的工作，不利于劳动者未来职业生涯的发展。

二、影响新就业形态下劳动者社会保险权落实的主要因素

（一）新就业形态下劳动关系不清晰

明确的劳动关系是法律对劳动者提供保障的前提。传统就业形态下的劳动者与用人单位之间具有明确的雇佣劳动关系，根据相关法律规定，劳动者可以享受到相应的社会保险权益保障。然而，新就业形态下劳动者的用工模式与传统就业形态下劳动者用工模式存在较大区别。传统就业形态下的用工模式是劳动者与用人单位在签订劳动合同的基础上，在用人单位提供的工作地点进行规定时长的工作，在工作过程中所服务的对象也较为明确，因此，劳动者与用人单位之间存在清晰、明确、不容置疑的雇佣关系。而在新就业形态下，劳动者与用人单位之间的关系呈现出新样态，这使得劳动者与用人单位之间的关

系更加灵活、模糊。

以互联网平台劳动者为例。劳动者与互联网平台之间缔结合约，劳动者的劳动状态存在高度自主选择性的特点，而互联网平台则只负责开发软件、对软件进行日常维护，以及向平台劳动者提供消息推送。互联网平台劳动者的劳动报酬通常以平台自提、扣划预付款等方式获得。互联网平台就业的新模式使得劳动者与互联网平台之间的关系相对模糊，难以界定劳动者与互联网平台之间的关系是雇佣关系还是合作关系。而根据我国劳动保障法律法规的相关规定，劳动者只能与一个雇主建立劳动关系。然而在互联网平台就业等新就业形态下，互联网平台往往只起到中介作用，而劳动者由于劳动时间和地点具有自主选择性和灵活性，劳动者与雇佣方之间的关系属于雇佣还是合作难以确定。而新就业形态下劳动者与雇佣方的关系不清晰，导致缴纳社会保险的责任主体应属于互联网平台还是劳动者个人无法确定，进而导致互联网平台劳动者社会保险权的落实无法得到保障。

（二）配套法律体系不够健全

我国法律法规对传统意义上的劳动关系有较强的约束和保护作用，例如，法律法规要求用人单位为所雇佣的劳动者提供社会保险缴纳，当劳动者与用人单位之间产生冲突时，相关法律法规会为劳动者提供维权的途径。除了职工保险之外，我国现阶段还为个体工商户以及灵活就业人员提供居民保险。灵活就业人员可自行通过缴纳居民保险的方式缴纳居民养老保险、医疗保险。然而，灵活就业人员缴纳的保险却没有将工伤保险和失业保险包含在内。新就业形态下，劳动者与用人单位之间的劳动关系模糊，与传统意义上的劳动关系存在较大偏差，相关配套法律体系相对滞后,导致新就业形态下劳动者的社会保险权益无法得到充足的保障。

(三) 劳动者维权能力不足

无论是在传统就业形态下,还是新就业形态下,劳动者的维权能力不足是影响劳动者享受社会保险权的主要因素之一。新就业形态下,劳动者维权能力不足主要表现在以下两个方面。

1. 新就业形态下劳动者就业能力较弱

新就业形态的就业门槛较低,所容纳的劳动者大多不愿接受传统企业制度的束缚,追求更加自由的工作方式。根据就业目的不同,新就业形态下劳动者大体可以被划分为两种类型:一种是出于自我价值实现,追求更加自由的工作方式的年轻劳动者;另一种是迫于生计从事新就业形态的劳动者。其中,迫于生计从事新就业形态的劳动者占绝大多数,他们中大多为农民工劳动者、城镇再就业劳动者、妇女再就业劳动者等。这些劳动者的受教育程度普遍较低,劳动技能相对不高,就业范围较小,大多只能从事简单的劳动,限于自身的知识水平和技能水平,在择业时也会受到较大限制,在与其他就业者的竞争中处于劣势地位。

2. 新就业形态下劳动者维权意识薄弱

新就业形态下的互联网平台劳动者大多受制于平台算法。以外卖骑手为例。外卖平台为了提升送餐的效率,推出了"定时送餐,超时扣款"的功能。对外卖骑手来说,如果不能合理地规划送餐时间,送餐超时将会被客户打分差评和被投诉,平台系统也会对外卖骑手进行扣款处理,也会并直接影响外卖骑手下一单派送和收入。外卖平台的这种工作模式和评价模式,也会直接导致外卖骑手的工作强度高、节奏快,这不仅需要外卖骑手自行承担一定的工作风险，而且对外卖骑手的工作状态和身体也会产生着较大的潜在危害。而外卖骑手面对互联网平台的这种劳动报酬计算规则只能接受，且大多数外卖骑手对劳动者应当享有的劳动权利了解不足，意识不到劳动合同、社会保险的重要性。例如，2018年我国第十三届全国人民代表大会常务委员会第七次会议通过的《关于修改〈中华人民共和国社会保险法〉的决定》中指出，非全日制从业人员以及其他灵活就业人员可以参加基本养老保险，由个人缴纳基本养老保险费。包括外卖骑手在内的许多新就业形态下劳动者，即便具备一定的社会保障意识，但是出于侥幸心理，或出于经济原因，不愿与固定的互联网平台签订合同，并且拒绝自行缴纳居民社会保险，导致其无法享有社会保障权。

（四）劳动保障监管服务不到位

新就业形态以共享经济业态为主，就业主体多元化，就业方式灵活化，改变了传统就业形态下雇员和自由职业者，以及消费者和经营者之间的关系。新就业形态一出现，就展现出了强大的生命力，吸引了大量企业和资本的涌入，极大地拓展了新就业形态的规模，加之新就业形态发展速度较快，规模扩大迅速，具有一定的不稳定性。对此，政府应采取鼓励和监管并存的态度。一方面，政府鼓励新就业形态的发展，以充分发挥新就业形态在促进经济发展和扩大就业方面的作用；另一方面，政府应对新就业形态发展中的潜在市场风险加强监管。

由于我国社会保障制度建立在劳动关系的基础上，明确而清晰的劳动关系是劳动者获得社会保险权益的前提与基础。然而在现阶段，我国现行的劳动关系体系、《劳动合同法》等法律法规不能完全适用于新就业形态下劳动者与用人单位的关系划分，导致新就业形态下的劳动者社会保险权益无法被完全保障。

第三节 新就业形态下劳动者社会保险权保护途径探析

随着我国新就业形态的发展，新就业形态下劳动者数量越来越庞大，新就业形态下劳动者的劳动社会保障权等问题也越来越受到社会关注。近年来，我国政府已开始着手与有关企业合作推动适用于新就业形态下劳动者的社会保险方案。

一、建立健全新就业形态下社会保险制度建设

近年来，以互联网平台就业为代表的新就业形态发展迅速，新就业形态下劳动者的数量呈直线上升态势。我国应建立健全新就业形态相关的劳动制度和社会保险制度建设，以确保新就业形态下劳动者社会保险权益的实现，具体可从以下几个方面着手。

（一）创新劳动关系认定标准

劳动关系的认定是保障新就业形态下劳动者社会保险权益实现的基本前提。我国现行的劳动关系可被划分为两种类型，即劳动关系和劳务关系。劳动关系是指劳动者与用人单位签订劳动合同，并且接受用人单位的管理，劳动者为用人单位创造价值，而用人单位向劳动者支付报酬。劳务关系则是劳动者与用人单位之间进行口头或书面约定的前提下，由劳动者向用人单位提供一次性或特定劳动服务的劳动形式。

新就业形态下的劳动关系十分复杂，同属于新就业形态的不同企业，甚至同一企业内部的用工模式也不相同，这些复杂

的用工模式下形成的劳动关系既不适用传统就业形态下劳动者劳动关系的认定标准,也不适用新就业形态下劳动者劳动关系的认定标准。因此,为了厘清新就业形态下劳动者的劳动关系,国家有关部门应对不同就业平台、不同类型的用工模式进行区分,从就业者对就业平台依附关系的强弱、劳动者与就业平台之间的权利义务关系、劳动者收入获取来源等多个方面对新就业形态下劳动者的劳动关系进行认定,形成新型劳动关系认定标准,从而对新就业形态下劳动者的身份进行合法认证,为新就业形态下劳动者取得社会保险权益奠定基础。健全新就业形态下劳动法律制度应在明晰双方劳动关系的同时,从劳动法的角度寻找劳资双方利益的平衡点,以便调和双方的利益,寻找解决灵活用工和保障网约工权益的有效途径。

(二) 出台法律法规政策

法律法规政策是新就业形态下劳动者权益保障的法律依据。2019年以来,我国越来越重视对新就业形态下劳动者各项权益的落实,针对包括社会保险权益在内的多种权益出台了一系列政策。例如,2019年国务院办公厅发布的《关于促进平台经济规范健康发展的指导意见》强调,切实保护平台、平台内经营者和平台从业人员等权益。2021年4月,国务院办公厅印发《关于服务"六稳""六保"进一步做好"放管服"改革有关工作的意见》中提出了一系列落实和完善新就业形态下劳动者保险权益的意见。2021年5月,国务院常务会议提出将灵活就业人员纳入工伤保险范围。2021年7月,国务院常务会议就加强新就业形态下劳动者权益保障的政策措施进行了进一步的规定。人社部等八部门和市场监管总局等七部门发布了《关于维护新就业形态劳动者劳动保障权益的指导意见》和《关于落实网络餐饮平台责任切实维护外卖送餐员权益的指导意见》,其中对新就业形态下劳动者的社会保险权进行了明确规定,为保障新就业形态下劳动者权益提供了法律依据。

(三) 完善弹性化的社会保障制度

1. 在现行社会保障体制下,扩大社会保障范围和保障的力度

政府部门要充分利用现行社会保障体制,根据新就业形态下劳动关系类型,设置弹性化的缴费标准和缴费方式,从而最大限度地确保新就业形态下劳动者的社会保险权益。以新就业形态下劳动者的工伤保险为例。传统的工伤保险与劳动关系相挂钩,灵活就业人员由于没有明确的劳动关系,因此无法参加工伤保险。新就业形态下,应扩大工伤保险的覆盖范围,以多种方式保障新就业形态下劳动者工伤保险权益的落实。除此之外,我国传统工伤保险对工伤的认定条件较为苛刻,将工伤事故发生时间限定在工作时间、工作时间前后、上下班途中、因工外出期间等范围内。然而,由于新就业形态具有较强的灵活性,在现实社会中,对新就业形态下劳动者的工伤认定存在一定的困难。针对新就业形态下劳动者工作的这一特点,应进一步创新新就业形态下对劳动者工伤认定标准。

2. 明确新就业形态下劳动者社会保险费用缴费主体

现阶段,新就业形态下劳动者大多被认定为属于灵活用工范畴,其社会养老保险和基本医疗保险的缴费主体为劳动者个人。然而,近年来,一些地方政府正在探索社会保险费用缴纳主体的多样化。

3. 合理使用商业保险

政府应鼓励和引导互联网平台企业为新就业形态下劳动者

缴纳基本社会保险之外的商业保险，合理利用基本社会保险与商业保险相结合的方式，为新就业形态下劳动者提供较为完善的保障。

2021年7月，我国市场监管总局等七部门联合印发《关于落实网络餐饮平台责任切实维护外卖送餐员权益的指导意见》。该文件对进一步提高外卖送餐人员的保险权益提出了明确的指导意见，其中指出，完善社会保障方面，督促平台及第三方合作单位为建立劳动关系的外卖送餐员参加社会保险，支持其他外卖送餐员参加社会保险，按照国家规定参加平台灵活就业人员职业伤害保障试点。鼓励探索提供多样化商业保险保障方案，提高多层次保障水平。[1]该文件的颁布和实施为我国进一步完善新就业形态下劳动者的社会保障制度提供有益的参考。

2021年，《关于维护新就业形态劳动者劳动保障权益的指导意见》对劳动者的社会保险权进行了明确规定："完善基本养老保险、医疗保险相关政策，各地要放开灵活就业人员在就业地参加基本养老、基本医疗保险的户籍限制，个别超大型城市难以一步实现的，要结合本地实际，积极创造条件逐步放开。组织未参加职工基本养老、职工基本医疗保险的灵活就业人员，按规定参加城乡居民基本养老、城乡居民基本医疗保险，做到应保尽保。督促企业依法参加社会保险。企业要引导和支持不完全符合确立劳动关系情形的新就业形态劳动者根据自身情况参加相应的社会保险。"

---

〔1〕《市场监管总局等七部门：联合发文 保障外卖送餐员权益》，载《中国食品》2021年第16期，第100~101页。

二、强化政府对新就业形态的劳动执法监察力度

新就业形态的出现和快速发展为传统劳动监察带来了较大挑战。新就业形态下，互联网平台与劳动者之间的力量对比极其突出，在强大的平台经济算法面前，劳动者的弱势地位极其明显。仅仅依靠劳动者个体的力量难以与互联网平台抗衡。而劳动监察部门的介入则能够平衡互联网平台与劳动者之间的力量，形成企业、劳动者和政府劳动监察部门之间的协调机制。劳动监察部门通过规范互联网平台的行为，维护劳动者的合法权益，构建和谐的劳动关系。

（一）强化劳动执法监察的效率

劳动执法监察能够规范企业用工，在促进我国经济的健康、稳定发展的同时，也能够保障劳动者的合法权益。新就业形态是随着现代互联网信息技术和数字技术的发展而成长起来的新业态，在推动我国经济转型发展方面发挥着十分重要的作用，尤其在吸纳就业、促进社会稳定方面具有独特的作用。然而，新就业形态为传统劳动执法监察带来了巨大挑战。未来，应进一步强化新就业形态领域的劳动执法监察力度，并将追求效率和均衡作为劳动执法监察的目的。

（二）加大劳动执法监察范围

新就业形态呈现出类型多样化的特点，有的新就业形态存在较强的隐蔽性。新就业形态的劳动用工方式不一而足，有的新就业形态下劳动者与就业平台或企业签订了标准劳动合同，确立了标准劳动关系；而有的新就业形态下劳动者则与劳动平台或企业签订了劳务关系；还有的新就业形态下劳动者仅签订

了简单的工作协议。

以互联网平台企业为例。不同的互联网平台企业内部的劳动用工方式存在差异性，有的同一互联网平台内部也存在多种用工方式。因此，劳动监察范围应当覆盖每一种劳动用工形态，进一步扩大劳动监察的范围和力度，对新就业形态的互联网平台企业加强监管，确保每一位新就业形态下劳动者的权益不受损害。

（三）创新劳动执法监察技术

新就业形态大多以互联网信息技术为依托，以网络资源为载体，因此与传统就业形态相比，新就业形态具有较强的技术依赖性。为了适应新就业形态的这一特点，相关部门应对劳动执法监察技术进行创新，在监察方式上充分引入互联网思维，打破传统劳动执法监察方式的局限性，借助网络新技术和智能化平台对新就业形态实现即时、精准和高效监管，充分发挥互联网信息技术和数字化技术在劳动监察方面的优势，提升劳动执法监察效率。例如，劳动监察部门可以充分利用大数据技术收集互联网平台劳动者劳动时长、交通速度等数据，建立互联网平台劳动者劳动安全指标，并以此作为劳动监察的依据，以便后期能够以相关指标作为基准对平台劳动者在劳动过程中遭受伤害的概率进行明确而有效的判断，从而为促进平台劳动者的社会保险权益保护提供重要依据。

（四）坚持宽严相济的原则

新就业形态作为社会新事物，有关部门在对新就业形态进行劳动执法监察时，应坚持宽严相济的原则，既不能管得过严，也不能过于宽松。具体来说，应从以下两个方面着手。一方面，以发展的眼光看待新就业形态，鼓励互联网平台的发展与壮大，在规范用工方式的同时，允许多样化灵活用工，以减轻平台企业的发展压力。另一方面，加强对互联网平台企业的用工规范性监管，明确平台企业与新就业形态下劳动者之间的劳动关系，明晰平台企业与新就业形态下劳动者各自的合法权益和义务，并对平台企业加强监督，严格执行劳动保护政策，在平台企业用工过程中依法维护新就业形态下劳动者的合法权益。

三、提高新就业形态下劳动者的维权意识和维权能力

新就业形态下，加强对新就业形态下劳动者保险权的维护，应提升新就业形态下劳动者的法律相关知识水平，培养新就业形态下劳动者的维权意识，提升新就业形态下劳动者的维权能力，具体应从以下几方面入手。

1. 加强对新就业形态下劳动者法律素养培养

加强社会普法工作，有关劳动部门应加强对平台企业的劳动监察，要求平台企业在与劳动者签订合同之前，应引导新就业形态下劳动者学习了解相关的劳动法律法规和劳动就业政策。同时，向新就业形态下劳动者全面介绍平台企业的情况，并要求平台企业与新就业形态下劳动者签订劳动合同，以保障劳动者的合法权益。

2. 发挥工会在保障新就业群体劳动保险权益保护方面的作用

新就业形态下，平台企业和新就业形态下劳动者之间的实力对比日益扩大，新就业形态下劳动者个人与平台企业相对抗的可能性较小。而传统工会作为保护劳动者利益的组织，主要服务于标准劳动关系下的劳动者，这使得新就业形态下劳动者在保险权益受到损害时，较难借助工会的力量进行维权。面对

新就业形态类型逐渐多样，规模逐渐扩大的事实，我国各地工会组织应当从新就业形态下劳动者的特性和需求出发，积极改变和调整工会的工作方式，将新就业形态下劳动者纳入工会组织。2022年1月1日起，新修正的《工会法》正式实施。修正后的《工会法》将新就业形态下劳动者纳入工会组织范畴，明确了新就业形态下劳动者的建会和入会权利，为新就业形态下劳动者进入工会组织提供了坚实的法律保障。此外，工会组织应定期组织有关劳动法律法规方面的知识讲座，提升新就业形态下劳动者的法律素养，并且帮助新就业形态下劳动者充分认识劳动合同的重要性，引导新就业形态下劳动者积极与平台企业签订劳动合同，缴纳各种保险费用，当新就业形态下劳动者与平台企业产生纠纷时，积极协调双方的劳动纠纷冲突，提高劳动者对维护劳动保险权益的能力。

四、增强互联网平台企业、商业保险公司的社会责任感

新就业形态下，互联网平台企业出于降低企业运营成本的目的，往往通过灵活用工平台发布任务，不与新就业形态下劳动者形成常规劳动关系，以达到减少社保缴纳，降低企业运营成本的目的。针对互联网平台的经营特点，我国政府积极从各方面引导、督促企业肩负起相应的社会责任，有效、合理落实新就业形态下劳动群体的社会保险权益。

在我国政府的督促下，近年来，一些互联网平台企业针对新就业形态下劳动者保险覆盖率低、参保种类较少、参保受限较多的现状，积极寻求与社会商业保险公司合作，为新就业形态下劳动者提供可替代的商业保险，以保障劳动者的保险权益。例如，2017年，滴滴出行面向平台上的劳动者推出了"点滴医保"健康保障计划。该保障计划属于商业保险范畴，涵盖了门诊、住院和重大疾病等医疗保障。由于新就业形态下劳动者大多未参加工伤保险，然而新就业形态下劳动者由于其工作业态事故发生率较高，一些互联网平台企业为新就业形态下劳动者提供了商业综合险或人身意外保险，在一定程度上保障了新就业形态下劳动者的权益。

又如，滴滴出行为网约车司机提供了"关怀宝"安全保障。该保障属于商业综合保险，由网约车平台企业承担费用，第三方保险公司承保，如果网约车司机在工作期间出现意外事故可获得一定的赔偿额度，从而为网约车司机提供了安全可靠的意外风险保障。

再如，美团作为外卖骑手的劳动平台，其经营模式为美团将旗下的部分业务外包给第三方企业，第三方企业与外卖骑手之间建立劳动关系，并为美团提供相应的服务。根据2021年统计数据显示，大约1000万外卖骑手在美团平台注册，这些外卖骑手并非美团的正式员工，与美团平台属于外包关系。美团平台每天从骑手佣金中扣除3元为骑手缴纳商业险，一旦发生意外事故为骑手提供相应的医疗费用。自2021年《关于维护新就业形态劳动者劳动保障权益的指导意见》出台后，在政府有关部门的引导下，美团开始积极探索和试行临时工工伤保险方案，为外卖骑手等新就业群体提供工伤保险保障。

滴滴出行从2021年9月起，在重庆、宁波、杭州三个城市先上线这份养老计划，对于司机参保的门槛要求司机当月在线时间要达到150个小时，也就是平均一天要在线5小时，而且以当月算起，最近3个月的累计服务时长要达90小时，才可以参与这个养老保险。值得注意的是，滴滴出行上线的这份养老保险计划是与第三方保险公司合作推出的,并不是滴滴出行自己的养老保险。而关于司机的缴费问题,滴滴出行每月会从滴滴司机的流水中扣取1%且最高不超过150元/月的费用来缴纳养老保险。

综上所述,新就业形态下劳动者的保险权益直接关系劳动者的身体健康,以及未来退休后的生活保障。新就业形态下劳动者的保险权益的落实需要政府法律法规政策、劳动监察部门、工会组织、互联网平台企业以及劳动者群体等各方面的共同努力。

参考文献

[1] 中共中央马克思恩格斯列宁斯大林著作编译局编译:《马克思恩格斯选集》(第42卷),人民出版社1972年版。

[2] [法]卢梭:《社会契约论》,何兆武译,商务印书馆1980年版。

[3] 常凯主编:《劳动关系·劳动者·劳权——当代中国的劳动问题》,中国劳动出版社1995年版。

[4] 常凯:《劳权论——当代中国劳动关系的法律调整研究》,中国劳动社会保障出版社2004年版。

[5] 杨艳琳等:《中国经济发展中的就业问题》,山东人民出版社2010年版。

[6] 关凤利:《经济全球化对就业影响的理论与经验研究》,吉林人民出版社2012年版。

[7] 周德禄:《人力资本配置效益研究》,山东人民出版社2012年版。

[8] 人民出版社编:《国务院关于进一步做好新形势下就业创业工作的意见》,人民出版社2015年版。

[9] 谢增毅:《劳动法的改革与完善》,社会科学文献出版社2015年版。

[10] 谭永生、李爽:《新形势下我国就业问题研究》,中国计划出版社2015年版。

[11] 秦立崴主编:《国际商法》,北京理工大学出版社2016年版。

[12] 孟咸美、孟昕、夏圣坤：《劳动者权益保护研究》，经济日报出版社 2018 年版。

[13] 李向荣：《供给侧结构性改革背景下的大学生就业、创业研究》，中国商务出版社 2019 年版。

[14] 唐东波：《全球化对中国就业结构的影响》，载《世界经济》2011 年第 9 期。

[15] 万建辉：《知识经济时代的就业问题探讨》，载《职业》2015 年第 22 期。

[16] 张成刚：《就业发展的未来趋势，新就业形态的概念及影响分析》，载《中国人力资源开发》2016 年第 19 期。

[17] 中国就业促进会：《新就业形态》，载《中国就业》2017 年第 11 期。

[18] 张雅茹：《劳动者休息权保障如何规范》，载《法制博览》2017 年第 3 期。

[19] 卞广春：《禁止未成年人当主播需强化监管》，载《湖南教育（C 版）》2018 年第 4 期。

[20] 史庆利：《论劳动者职业安全权的保障》，载《劳动保障世界》2018 年第 11 期。

[21] 杨朝继：《经济全球化对我国就业环境的影响探析》，载《中国集体经济》2018 年第 10 期。

[22] 谭中和：《非正规就业人员基本医疗保险应保尽保问题的几点思考》，载《中国医疗保险》2018 年第 1 期。

[23] 朱婉芬：《新就业形态下灵活就业人员研究综述》，载《工会理论研究（上海工会管理职业学院学报）》2019 年第 4 期。

[24] 王全兴、王茜：《对"网约工"劳动保护的探索》，载《工友》2019 年第 6 期。

[25] 《浙江省人力资源和社会保障厅关于优化新业态劳动用工服务的指导意见》，载《劳动和社会保障法规政策专刊》2019 年第 12 期。

[26] 张雪凯、杜阳：《互联网发展对劳动者人力资本提升和就业影响的分析》，载《新经济》2020 年第 10 期。

[27] 方长春:《新就业形态的类型特征与发展趋势》,载《人民论坛》2020年第26期。

[28] 新华社:《七部门联合发文 保障外卖小哥合法权益》,载《工会博览》2021年第23期。

[29] 王传荣:《经济全球化进程中的就业研究》,西南财经大学2005年博士学位论文。

[30] 魏巍:《非典型雇佣关系的影响因素及优化研究》,首都经济贸易大学2018年博士学位论文。

[31] 王艺:《互联网经济背景下灵活就业劳动者的就业偏好研究》,首都经济贸易大学2018年硕士学位论文。

[32] 王松:《新科技革命下我国新就业形态研究——基于马克思主义劳动过程理论的分析》,南京财经大学2018年硕士学位论文。

[33] 袁晔:《新业态背景下灵活就业人员社会养老保险参保现状、影响因素与对策建议》,西北大学2019年硕士学位论文。

[34] 刘发:《新就业形态下劳动力就业质量影响因素及对策研究——以平台就业者为例》,济南大学2020年硕士学位论文。

[35] 张铭哲:《新就业形态下我国基本养老保险制度适应性研究》,浙江工业大学2020年硕士学位论文。

[36] 王艳:《灵活就业人员工伤保险法律问题研究》,西北师范大学2020年硕士学位论文。

[37] 张钰:《新就业形态下社会保险政策研究》,上海工程技术大学2020年硕士学位论文。

[38] 金相龙:《互联网时代网约工劳动权益保障研究》,延边大学2020年硕士学位论文。

[39] 朱婉芬:《新就业形态从业人员的工会权利保障研究——以上海市物流快递员为例》,华东师范大学2020年硕士学位论文。

[40] 孟欣:《黑龙江省扶持新就业形态的社会保险制度创新研究》,哈尔滨商业大学2020年硕士学位论文。

[41] 任大康:《互联网发展对我国产业结构升级的影响研究》,安徽财经大学 2020 年硕士学位论文。

[42] 刘发:《新就业形态下劳动力就业质量影响因素及对策研究——以平台就业者为例》,济南大学 2020 年硕士学位论文。

[43] 袁艺艺:《互联网使用对女性劳动参与的影响研究》,北京交通大学 2020 年硕士学位论文。

[44] 赵智磊:《零工经济时代灵活就业者的现状及未来就业意愿研究——以"滴滴出行"网约车司机为例》,北京交通大学 2020 年硕士学位论文。

[45] 孙琴琴:《灵活就业者就业选择的影响因素分析》,哈尔滨商业大学 2020 年硕士学位论文。

[46] 王珏:《基于互联网平台的新型劳动关系研究》,江西财经大学 2020 年硕士学位论文。

[47] 宋雨斐:《新业态灵活就业人员劳动权益保障完善研究》,内蒙古大学 2021 年硕士学位论文。

[48] 孙继:《新就业形态下多重雇佣关系模式对职业胜任力的影响研究》,常州大学 2021 年硕士学位论文。

[49] 张峻石:《平台经济下网约工劳动权益保护问题及对策》,信阳师范学院 2021 年硕士学位论文。